동사는 대장이다

어순을 알면 영어가 보입니다!

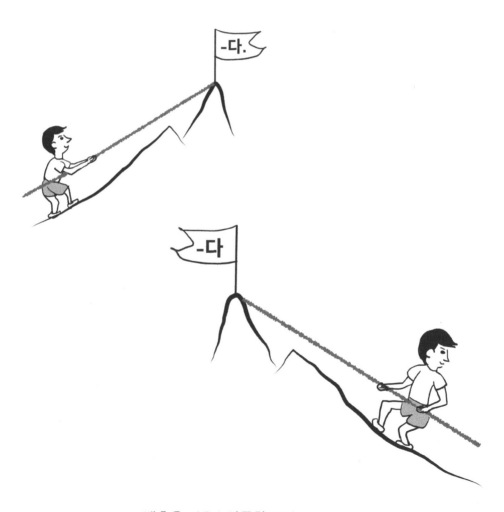

배추용 지음 | 이동하 그림

머리말

　이 책은 '주어 ∨동사'로 시작하는 영어 어순에 익숙해지면 영어가 쉬워진다는 것을 알려 주는 책입니다.

　또한 '*달리다*는 좋다'가 부자연스러운 표현인 것처럼 '*Run is good*'이 어색한 문장이라는 것을 바로 알 수 있게끔, 우리말과 영어 예문을 비교하면서 알기 쉽게 설명해 줍니다.

　이 책을 읽으면 '주어 ∨동사' 다음에 등장하는 영어 어순은 외우는 것이 아니라, 당연히 그럴 수밖에 없다는 것을 알게 됩니다.

　'주어 ∨동사'로 시작하는 영어 어순에서, '∨동사'가 바로 다음에 위치할 보어 및 목적어를 결정하고 나면, 문장이 아무리 길어지더라도 그 뒤에 위치하는 것은 형용사 또는 부사 역할이 반복될 뿐이라는 것도 알게 됩니다.

　영어에서는 동일한 단어가 어느 위치에 자리하는지에 따라 문장의 의미가 달라지므로, 영어 어순의 중요성은 아무리 강조해도 지나치지 않습니다.

　이 책의 내용을 공부한 학생들은 '영어 어순을 알고 나서 영어가 쉬워졌다', '영어 어순을 알고 나니 영어에 자신감이 생겼다'고 말합니다.

　이 책을 통해 영어 어순의 규칙을 이해하고, 영어 읽기 · 쓰기 · 말하기의 틀을 형성하는 데 도움이 되었으면 좋겠습니다.

　이 책이 만들어지기까지 도움을 주신 이동하 선생님과 이선영 선생님에게 고마움을 전합니다.

목차

Ⅰ. 동사

Ⅱ. 명사모양 바꾸기

Ⅲ. 동사모양 바꾸기

Ⅳ. 절 모양 바꾸기

V. 기타

PART

I

동사

UNIT 1. 동사 때문에 헷갈려요

영어 단어를 모르던 어린 시절에, 아들은 아빠와 '영어 순서 만들기 놀이'를 합니다. 아빠가 아들에게 한글 문장을 말하면 아들은 **한글 낱말로 영어 순서를 만듭니다.**

아빠: 성우는   사과를 **먹었다.**
아들: 성우는 **먹었다** 사과를.

아빠: 지섭은   빨리 **달리다.**
아들: 지섭은 **달리다** 빨리.

아빠: 회준은   주스를 맛있게 **마시다.**
아들: 회준은 **마시다** 주스를 맛있게.

아빠: 태수는   방을 깨끗이 **청소했다.**
아들: 태수는 **청소했다** 방을 깨끗이.

아빠가 우리말로 문제를 내면,
아들은 '한글 낱말'로 영어 순서 만들기를 합니다.

아들의 답변에 어떤 규칙이 있습니다. 무엇일까요?

'마침표(.)'와 함께 있던 **'-다'로 끝나는 한글 낱말 (먹었다, 달리다, 마시다, 청소했다)** 를 앞으로 옮기는데, **'누가'에 해당하는 한글 낱말 (성우는, 지섭은, 회준은, 태수는)** 의 바로 다음으로 옮깁니다.

즉, 우리말 순서에서 **제일 뒤**에 있던 '-다' 소리가, 영어로 말할 때 **앞 쪽**으로 옮겨집니다.

우리말은 제일 앞에 '누가'에 해당하는 말(주어)이 오고 **제일 뒤에** '**-다**'로 끝나는 말이 옵니다.

영어순서는, '**-다**'로 끝나는 말이 **앞 쪽에 등장해**, '누가'에 해당하는 말(주어) 바로 다음에 위치하는 것이 **우리말과 가장 큰 차이점입니다.**

우리말

누가   -다.

영어

누가   -다

우리말	영어
누가 ------- **했다**.	누가 **했다** -------

성우는 사과를 **먹었다**   성우는 **먹었다** 사과를
지섭은 빨리 **달리다**   지섭은 **달리다**　빨리
회준은 주스를 맛있게 **마시다**   회준은 **마시다** 주스를 맛있게
태수는 방을 깨끗이 **청소했다**   태수는 **청소했다** 방을 깨끗이

그래서 아들은 다음 규칙에 따라서 **한글 낱말로 영어 순서 만들기** 놀이를 했습니다.

규칙: 우리말 순서에서 **제일 뒤**에 있던 '-다' 소리를, 영어로 말할 때 '누가'(주어) 다음에 위치하게끔 **앞 쪽**으로 옮기기.

아빠: 성우는 어제 집에서 사과를 맛있게 먹었다.
아들: 성우는 먹었다 사과를 맛있게 집에서 어제

UNIT 2. 동사는 대장이다 1

1. 영어 순서는 '주어 ∨동사'

'-다' 소리가 나는 말을 2글자로 '동사'라고 합니다.

우리말 순서와 달리, 영어 순서는 '주어 ∨동사'입니다.
영어 순서인 '주어 ∨동사' 다음에 무엇이 오는지 살펴보겠습니다.

ⓐ I run	ⓑ I become	ⓒ I eat

어떤 모습이 보이는지 말해보세요.

ⓐ 'I run (나는 달리다)'
어찌하는 모습이 보이나요?

맞아요. 달리는 모습이 보입니다.

ⓒ 'I eat (나는 먹다)'
어떤 화면이 보이나요?

오케이! 먹는 화면이 보입니다.

ⓑ 'I become (나는 되다)'
어떤 모습이 보이죠?
어! 아무 말이 없네요.
그래요.
주어가 뭐하고 있는지
주어가 어떠한지 도대체 보이지 않아요.

바로 이거예요. 영어 순서는 주어 다음에 동사가 등장해야하는데,

ⓐ 'I run' ⓒ 'I eat'의 경우, 'run(달리다)'와 'eat(먹다)'라는 동사가 각각 달리는 화면, 먹는 화면을 보여주니까 주어가 뭐하는지, 어떤 모습인지 분명히

말할 수 있습니다.

즉, ⓐ 'I run' ⓒ 'I eat' 의 경우, 주어와 동사만으로도 간단한 의미전달이 됩니다.

그런데 ⓑ 'I become (나는 되다)'의 경우, 주어와 동사는 있지만 'become'이라는 동사가 화면을 보여주지 않으니 주어가 뭐하는지, 어떤 모습인지 알 수 없어서 답답합니다.

그래서 ⓑ 'I become (나는 되다)'는 동사(become 되다) 다음에 무엇인가를 보충하는 말이 자리해야 합니다.

2. 동사가 화면을 보여 주지 않으면?

ⓑ 'I become (나는 되다)'의 경우

I become

I become <u>a singer</u>

'I become' 다음에 'a singer(가수)'를 보충해
'I become a singer'라고 하면 '나는 가수가 되다'하고 화면이 보입니다.

▶ 화면을 보어주지 잃는 동사(=become 뇌나)를 도와서, 화면을 보여주기 위해, 동사 다음에 보충해주는 'singer(가수)'와 같은 단어를 "**보충 단어 (보어)**"라고 합니다.

✓ 영어에서 '주어 ∨동사'를 들으면, 먼저 생각할 게 무엇일까요? 맞습니다. 주어와 동사만으로써 '의미전달이 되는지, 안 되는지' 주어가 어찌하는지,

어떠한지에 관해 '화면이 보이는지, 안 보이는지' 먼저 생각해야합니다.

✓ 의미전달이 안되거나 화면이 안보이면 ⓑ 'I become (나는 되다)'의 경우처럼, 동사는 '**보어**'를 필요로 한다는 것을 얼른 떠올려야 합니다.

3. 동사가 화면을 보여 주면?

주어와 동사만으로 의미전달이 되거나 화면을 보여주는 ⓐ 'I run'과 ⓒ 'I eat'의 경우

(1) ⓒ I eat (나는 먹다)

ⓒ 'I eat'에는 주어(=I)와 동사(=eat)가 있습니다.
주어인 '내(I)'가 무언가를 먹고 있는 화면이 보입니다.

그런데 '먹다(eat)'라는 동사는' 주어인 '나(I)'만 있으면 그 동작(먹는 동작)을 할 수가 없습니다. 짝이 있어야 합니다. '먹다(eat)'라는 **동작의 대상**이 있어야 합니다.

I eat

I eat <u>an apple</u>

'I eat an apple (나는 사과를 먹다)'에서, '사과(apple)'가 바로 '먹다(eat)'라는 **동작의 대상**입니다.
동작의 대상인 사과(apple)가 주어인 '나(I)'의 입 안에 있어야만 씹어서 삼키고 소화시키는 '먹다(eat)'라는 동작을 할 수가 있습니다. **동작의 대상**인 사과(apple)가 없다면 주어인 '내(I)'가 입을 오물거리며 **먹는 척(pretend to eat) 하는 것**이지 먹는 것이 아닙니다.

▶ 동작의 대상인 'apple (사과)'와 같은 단어를 동사(eat 먹다)의 "**목적어**"라고 합니다.

(2) ⓐ I run (나는 달리다)

'I run'에는 주어(=I)와 동사(=run)가 있습니다.
주어인 '내(I)'가 달리는 화면이 보입니다.

그런데 'run(달리다)'라는 동사는 동작의 대상(목적어)를 요구하지 않습니다. 'eat(먹다)'라는 동사가 동작의 대상인 목적어(=apple)를 요구하는 것과 구분됩니다.
'run (달리다)'라는 동사는 그 동작(달리는 동작)을 하는 주어(=I)만 있으면 그 동작을 할 수 있습니다. 'run (달리다)'라는 동사는 동작**의 대상(목적어)를 필요로 하지 않는** 동사입니다.

✓ 영어에서 동사가 등장하면 제일 먼저 생각할 것은 무엇입니까? 맞습니다. 그 동사가 '화면을 보여주는지 아닌지'를 생각해야 합니다. 즉 '**동사가 보어를 필요로 하는지**'를 생각해야 합니다.

✓ 그리고 그 다음으로 생각해야 할 것은 무엇입니까? 맞습니다. 영어에서 '주어 ∨동사'를 듣고 화면이 보이거나 의미전달이 되면, 그 동사가 '**목적어**'를 **필요로 하는지** 아닌지를 떠올려야 합니다.

4. 정리

영어 순서는 무엇인가요?	주어 ∨동사
동사가 오면 무엇부터 생각해요?	화면이 보이는지 안 보이는지
화면이 안 보이면 무엇이 오나요?	보어
화면이 보이면 무엇을 생각해요?	목적어가 오는지 안 오는지

잘했습니다. 영어 어순에서 명심해야 할 것은 다음과 같습니다.

첫째, 주어 다음에 동사가 자리해야 합니다. = 주어 ∨동사
둘째, 동사는 <u>스스로</u> 보어와 목적어의 필요성을 알려줍니다.
동사는, 주어가 어떤 동작을 하는지 화면을 보여주기도 하고 또는 보여주지 않기도 하면서, 보어와 목적어를 자동으로 결정해 주기 때문에 동사에게 <u>대장</u>이라는 칭호를 붙여도 아깝지 않을 것 같습니다.
동사 'become (되다)'는 보어를 이끄는 대장,
동사 'eat (먹다)'는 목적어를 이끄는 대장,
동사 'run (달리다)'는 그 자체만으로 보어 또는 목적어를 필요로 하지 않는다는 정보를 주는 대장이므로, 동사는 정말 굉장한 친구입니다!

동사는 대장이다1
동사는 보어와 목적어를 결정합니다.

아빠: 성우는 사과를 먹었다.
아들: 성우는 먹었다 ^**사과를**
　　　'먹다 eat'는 목적어(apple 사과)를 이끄는 대장

아빠: 지섭은 빨리 달리다.
아들: 지섭은 달리다 빨리
　　　'달리다 run'은 보어 또는 목적어를 필요로 하지 않는 대장

아빠: 회준은 주스를 맛있게 마시다.

아들: 회준은 마시다 ^**주스를** 맛있게

'마시다 drink'는 목적어(juice 주스)를 이끄는 대장

아빠: 태수는 방을 깨끗이 청소했다.

아들: 태수는 청소했다 ^**방을** 깨끗이

'청소하다 clean'은 목적어(room 방)를 이끄는 대장

아빠: 나는 가수가 되다.

아들: 나는 되다 ^**가수가**

'되다 become'은 보어(singer 가수)를 이끄는 대장

UNIT 3. '착하다'와 'kind (착한)'

아빠: 선우는 <u>달리다</u>
아들: 선우는 **달리다**
아빠: 딩동댕. 맞습니다.

아빠: 선우는 <u>학생이다</u>
아들: 선우는 **이다 학생**
아빠: 딩동댕.

아빠: 어떻게 알았어요?
아들: 국어사전에서 찾아봤는데,
    '달리다'는 '**달리다**'로 찾을 수 있는데,
    '학생이다'는 '학생이다'로 찾을 수 없고, '**학생**'만 보여서...
아빠: 빙고.

우리말의 끝은 '-다' 소리가 납니다. '학생'이라는 명사는 '-다' 소리가 나지 않으므로 '-다' 소리가 나는 '-이다'를 필요로 합니다.

우리말 '학생+이다'를 영어 순서로 만들면, '이다+학생'입니다. 왜냐하면, 영어 순서는 '주어 ∨동사'인데, 영어에서도 학생(student)는 명사로서 '-다' 소리가 나지 않기 때문입니다. 영어에서 '-이다' 소리가 나는 것이 바로 be동사(am, are, is)입니다.

아빠: 선우는 <u>착하다</u>
아들: 선우는 *착하다*
아빠: 아까운데...

중요한 부분이라서 천천히 설명해 줄게요.
다음 밑줄 친 단어들을 국어사전에서 찾아보세요. 숙제!

　　선우는 <u>달리다</u>
　　선우는 <u>착하다</u>
　　선우는 <u>학생이다</u>

<u>국어사전</u>을 찾아보면, '달리다'는 '**달리다**'라는 <u>동사</u>, '착하다'는 '**착하다**'라는
<u>형용사</u>로서 찾을 수 있습니다. 하지만 '학생이다'는 찾을 수 없습니다.
무엇을 찾아야 할까요? 오케이.
'학생이다'는 '**학생**'이라는 <u>명사</u>를 찾아야 합니다. 우리말은 제일 뒤에 '-다'로
말을 끝맺어야 하는데 '학생'이라는 명사는 '-다'를 포함하지 않으므로 '-다'
소리가 나는 '-이다'를 필요로 합니다.

우리말에서 제일 뒤에 자리해 '-다'로 끝맺을 수 있는 방법은 3가지로서 다
음과 같습니다.

예시	품사	사전 찾기
달리다	동사	달리다
착하다	형용사	착하다
학생이다	명사+이다	학생

잠깐,

우리말과 영어의 **제일 큰 차이**는 무엇이었습니까?
'**-다'로 끝나는 말의 위치**입니다. 우리말과 달리, **영어순서**는 '-다' 소리가 **앞
쪽에 등장**해 '누가'(주어) 바로 다음에 위치합니다.

우리말과 영어의 <u>또 다른 차이점</u> 가운데 하나는 바로 '-ㄴ' 소리가 나는 단어 (형용사)입니다. **형용사는 사람이나 사물의 성질이나 상태를 나타내는 품사입니** 다. '착하다'는 사람의 성질을 나타내는 형용사입니다.

우리말에서 형용사는 '착하다'처럼 '-다' 소리가 나지만,
영어에서 형용사는 '-다' 소리가 나지 않습니다.
영어에서 형용사는 '**-ㄴ**' **소리**가 납니다.

그래서 우리말 '착하다'의 영어 표현은 무엇일까요?
빙고. '착한'입니다. '-다' 소리가 나지 않습니다.

우리말 형용사	영어 형용사
'-**다**' 소리 : **착하다**	'-**ㄴ**' 소리 : **착한**

얼마 후 아들에게 다시 질문합니다.

아빠: 선우는 <u>학생이다</u>
아들: 선우는 **이다** 학생
아빠: 딩동댕. 맞습니다.

아빠: 선우는 <u>착하다</u>
아들: 선우는 **이다** 착한
아빠: 딩동댕. 맞습니다. '착하다'의 영어 표현은 '**-ㄴ' 소리**가 나는 '**착한**'이기
　　　때문입니다.

아들과 함께했던 **한글 낱말**로 **영어 순서 만들기 놀이**의 규칙은 다음과 같습니다.

아빠: 선우는 **학생이다**
아들: 선우는 **이다** **학생** （ o ）
　　　선우는 학생이다 　（ x ）
　　　선우는 　　 학생 　（ x ）

우리말 '**학생**'은 사람이나 사물의 이름을 나타내는 **명사**로서,
'**-다**' 소리가 나지 않고, 영어 'student (학생)'도 '-다' 소리가 나지 않습니다.
우리말은 '학생 + 이다'로 말을 끝맺지만, **영어순서는 '-다' 소리가 앞쪽에
등장해서** '누가'(주어) 다음에 위치하므로 '**이다 + 학생**'입니다.

아빠: 선우는 **착하다**

아들: 선우는 **이다 착한**　(ㅇ)

　　선우는 착하다　　　(ｘ)

　　선우는　　　착한　　(ｘ)

우리말 '착하다'라는 **형용사**는 '사람이나 사물의 성질이나 상태를 나타내는 품사로서 '-다' 소리가 납니다. 그런데, 우리말 '착하다'에 해당하는 **영어** 단어인 'kind (**착한**)'은 '-다' 소리가 나지 않고 **'-ㄴ' 소리를 가집니다.**

우리말 '학생이다'가 영어에서 '이다 + 학생'이라고 한 것처럼, 우리말 '착하다'도 영어에서 '이다 + 착한'입니다. 'kind (착한)'은 '-다' 소리가 나지 않고 '-ㄴ' 소리가 나기 때문입니다.

아빠: 선우는 달리다

아들: 선우는 **달리다**　　　(ㅇ)

　: 선우는 이다 **달리다**　(ｘ)

우리말 '**달리다**'라는 '**동사**'는 사람이나 사물의 움직임 또는 작용을 나타내는 품사로서 '-다' 소리가 납니다. 우리말 '달리다'에 해당하는 영어 단어인 '**run (달리다)**'도 '-다' 소리가 납니다.

그러므로 '이다 + 학생' 또는 '이다 + 착한'처럼, '이다 + 달리다'라고 표현해서는 안 됩니다. '**run (달리다)**'는 '-다' 소리가 나기 때문입니다.

	우리말	영어
동사	달리**다**	달리**다** run
명사	학생	학생　student
형용사	착하**다**	착**한**　kind

질문하겠습니다.

영어에서 '누가'에 해당하는 말(주어) 바로 다음에 자리해서 '-다' 소리가 나는 방법은 3가지인데 무엇일까요? 빙고.

---

① **동사**　　　　　 : **달리다**
② 이다　+　명사　 : 이다　+　소녀
③ 이다　+　형용사 : 이다　+　착한

영어에서 '-다' 소리가 나는 것은 '**동사**' 단 **하나뿐입니다.**
우리말 '이다'에 해당하는 영어 단어가 바로 'am, are, is...'이고 'am, are, is...(-이다)' 또한 '달리다'라는 동사처럼 '-다' 소리가 나기 때문에 '동사'라는 이름을 얻어 '**be동사**'라고 부르기로 약속했답니다.

I run　　　　　　　 나는 **달리다**
You **are** a student　너는 **이다** 학생
She **is** kind　　　　그녀는 **이다** 착한

다시 질문하겠습니다.
영어에서 '-다'로 끝나는 품사는 딱 하나입니다. 무엇일까요?
빙고. 영어에서 '-다' 소리가 나는 것은 **동사** 단 하나뿐입니다.

정리하겠습니다.

✓ **영어순서는 '-다'로 끝나는 말이 앞쪽에 등장**해서 '누가'(주어) 바로 다음에 위치하는 것이, 우리말과 큰 차이점이라고 했습니다. **영어에서** 주어 다음에 위치할 수 있는 '**-다**' 소리는 바로 **동사**입니다. 그러므로 영어에서 주어 다음에 등장하는 것은 두 글자로 '동사'입니다. **주어 ∨동사**

✓ 그리고 **영어의 형용사**(kind : **착한**)는 우리말 형용사와 달리, '-ㄴ'소리를 가지고 태어났기 때문에 '-다' 소리가 나지 않습니다. 그래서 '착하다'의 영

어 표현은 '**이다+착한**'입니다.

☞ 'go(가다)'는 무슨 소리가 납니까? '-다'소리가 납니다. '-다'소리가 나는 것은 동사입니다.

그래서 'I am *go* (나는 이다 *가다*)'는 잘못된 표현입니다. 'am (-이다)'는, '다' 소리가 없는 'student (학생)' 또는 'kind (착한)'과 짝을 이루어야지, '다' 소리가 나는 'go (가다)'와 짝을 이룰 수 없습니다.

'다'소리가' 나는 동사 'go (가다)'는 주어 바로 다음에 등장해서 'I go (나는 가다)'라고 말해야 합니다.

UNIT 4. 'get up (일어나다)'과 'be up (서있다)

UNIT 3 '착하다'와 'kind(착한)'에서 'be동사(am, are, is)'는 우리말 '-이다'에 해당하는 동사라고 했습니다. 기억나세요?

I am	나는 **-이다**

동사 'am(-이다)'를 통해 주어인 'I(나)'가 누구인지 또는 어떠한지에 관한 화면이 보이지 않으므로, 동사 'am(-이다)'는 <u>보충단어</u>가 등장해야만 화면이 보입니다.

I am **a student**	나는 이다 ^학생
I am **kind**	나는 이다 \착한

'student(학생)'이라는 **명사**와 'kind(착한)'이라는 **형용사가 보충단어(보어)**의 역할을 할 때, 비로소 주어(=I)가 '학생이라는 화면'이 보이기도 하고 '착하다는 모습'이 보이기도 합니다.
그러므로 **영어에서 '-다' 소리가 나지 않는 <u>명사와 형용사</u>**는 be동사(-이다)의 **보어 역할**을 한다는 것을 알 수 있습니다.

1. '-ㄴ' 소리가 나는 형용사는 명사와 친합니다.

다음은 'am(이다)'의 보어 자리에 **명사와 형용사가 아닌** 다른 품사들이 왔을 때, 이것이 왜 틀린 것인지 알아보겠습니다.

I am **go**	나는 **가다**이다	X
I am **kindly**	나는 **착하게**이다	X

앞 단원에서 "**영어의 경우**, 주어 바로 뒤에 위치해서 '-다' 소리가 나는 방법은 3가지"라고 했습니다.

기억나세요?

PART 1 동사

① 동사	예) 달리다	
② 이다 + 명사	예) 이다 + 학생	
③ 이다 + 형용사	예) 이다 + 착한	

②와 ③의 규칙이 바로, 보어 자리에 명사와 형용사가 위치해야 한다는 것을 보여주고 있습니다. ②와 ③의 '-이다'에 해당하는 be동사(am, are, is -이다)는 특별한 뜻 없이 '-다'소리를 내기만 하고, 뒤따르는 '학생 (student)'와 '착한 (kind)'가 의미를 가지는 **보어**에 해당하는 것이었습니다.

즉, 보어 자리에는 '학생'과 같은 **명사**와 '착한'처럼 **'-ㄴ'소리가 나는** 형용사가 자리한다는 것을, UNIT 3 '착하다'와 'kind (착한)'에서 이미 알 수 있었습니다.

'-ㄴ' 소리가 나는 형용사는 명사와 친합니다.

맛있는 사과

맛있게 사과...

'맛있는 사과'는 의미전달이 되지만, '*맛있게 사과*'는 말이 끝난 것 같지 않습니다. '맛있게 사과를 먹다'하고 '먹다'를 첨가하니 의미전달이 됩니다. '-게'소리가 나는 단어(맛있게)가 명사(사과)와 친하지 않고 동사(먹다)와 친하기 때문입니다.
'맛있는 사과'는 의미전달이 됩니다. '-ㄴ'소리를 가진 '맛있는'이 명사(사과)와 친하기 때문입니다.

맛있는 사과
the **delicious** apple

영어에서 '-ㄴ' 소리를 가지고 태어난 형용사는 보어 자리에도 어울립니다. 왜냐하면 '누가'(주어) 자리에 위치한 단어가 바로 사람이나 사물의 이름을 나타내는 명사이기 때문입니다.

사과는 ˇ이다
'사과는 -이다'에서 사과가 어떠한지 화면이 보이지 않습니다.

사과는 ˇ이다 + **맛있는**
the apple ˇis + delicious

이제 화면이 보입니다. 사과가 어떠한지 화면이 보입니다.
주어 자리에 위치한 '사과 (the apple)'가 어떠한지(맛있는)를 보여주는 것이 바로, '-ㄴ' 소리가 나는 **보충단어 'delicious (맛있는)'**이기 때문입니다.

따라서 '-ㄴ'소리를 가진 'delicious (맛있는)'이, 주어가 어떤지를 나타내는 보어 자리에 어울리는 것은 당연합니다. 반면에 '-ㄴ'소리가 나지 않는 'kindly (착하게)'와 '맛있게 (deliciously)'는 애초부터 보어의 역할을 할 수 없었습니다. 영어에서 '-다'소리가 나는 3가지 방법에 해당하지 않기 때문입니다.

정리합니다.

영어에서
주어 다음에 오는 것은?   동사. 그래서   주어 ˇ동사
<u>주어</u> 자리에 올 수 있는 것은? 명사
<u>보어</u> 자리에 올 수 있는 것은? 명사, '-ㄴ'소리 나는 형용사

---

2. '-이다' & '-되다'

다음은 동사 'became (-되었다)' 다음에, 주어 'She(그녀)'가 누구인지, 어떠한
지를 나타낸 단어를 보충한 것입니다.
이상한 점을 찾고 이유를 설명해 보세요.

She became	그녀는 -되었다
ⓐ She became ^a singer	그녀는 되었다 ^가수가
ⓑ She became \kind	그녀는 되었다 \착한
ⓒ She became *kindly*	그녀는 *착하게* 되었다 (x)
ⓓ She became *run*	그녀는 *달리다* 되었다 (x)

동사 'became(-되었다)'은 화면을 보여주지 않습니다.
그래서 'become (-되다)'의 보충단어가 될 수 있는 것은
ⓐ의 'singer (가수)'와
ⓑ의 'kind (착한)'입니다.
각각 **명사**와 **형용사**이기 때문입니다.

ⓒ의 경우, 우리말에서는 '착하게 되었다'가 의미전달이 되지만, 영어에서 **착
하게 kindly**'는 '**-ㄴ' 소리를 갖는 형용사가 아니므로** 보어가 될 수 있는 자격
이 없습니다. 주의하세요.
ⓓ의 경우, '**달리다 run**'는 '**-다' 소리가 나는 동사**이기 때문에 보어가 될 수
있는 자격이 없습니다.

다음 예문의 공통점과 차이점은 무엇일까요?
She **is** kind   (그녀는 착하다)
She **becomes** kind   (그녀는 착해지다)

'is (-이다)'와 'become (-되다)'는 화면을 보여주지 않는 동사라는 공통점이 있습니다.

is + kind (이다 + 착한)
'is (-이다)'는 '-다' 소리를 내기 위해 형식적으로 붙이는 동사이지만,

become + kind (되다 + 착한)
'become (-되다)'는 <u>변화가 생기다</u>는 의미를 가집니다.
착하지 않은 상태에서 착한 상태로 되다는 뜻입니다.

She ⌄**is** \kind   (그녀는 ⌄**이다** \착한)
: 예전부터 항상 착하다는 의미입니다.
She ⌄**becomes** \kind (그녀는 ⌄**되다** \착한)
: 예전에는 착하지 않았는데 이제 착해지다는 의미입니다. 변화가 생긴 것입니다.

She ⌄**is** \a singer   (그녀는 ⌄**이다** \가수)
: 그녀의 직업이 '가수'라는 의미입니다.
She ⌄**becomes** \a singer   (그녀는 ⌄**되다** \가수가)
: 그녀가 가수가 아닌 상태에서 '가수'가 되다는 의미입니다.

'-되다'의 뜻을 가진 단어 중에 'get (-되다)'가 있습니다.
I get it (나는 그것을 얻다)
'get (얻다)'은 무언가가 내 손에 생기는 화면이 보입니다. 무언가를 얻었기 때문입니다. 'get (얻다)'는 없던 것이 생기다는 뜻입니다.

그래서 'get'은 'become (-되다)'처럼 <u>변화가 생기다</u>는 의미로도 사용됩니다.
이때 'get (-되다)'은 <u>화면이 보이지 않는</u> 동사입니다.
'get up (나는 일어나다)'은 누워있다 일어날 때 사용합니다. 누워 있는 상태에서 일어선 상태로 변화가 생겼기 때문입니다.
'I get up (나는 일어나다)'
'I am up (나는 서 있는 상태이다)'

'get up (나는 일어나다)'의 'get'은 '얻다'가 아니라 '-되다'는 뜻입니다.

I get \kind (나는 착해지다 : 나는 되다 \착한)
: 예전에는 착하지 않았는데 이제 착해지다는 의미입니다. 변화가 생긴 것입니다.

She gets \pretty (그녀가 예뻐지다 : 그녀는 되다 \예쁜)
: 예전에는 예쁘지 않았는데 이제 예쁘다는 의미입니다. 변화가 생긴 것입니다.

3. 계속 -이다, -인 것 같다

다음 동사들의 공통점은 무엇일까요?

I **became**	나는 **-되었다** ('become 되다'의 과거형)
She **is**	그녀는 **-이다**
He **seems**	그는 **-인 것 같다**
You **keep**	너는 **계속해서 -이다**

오케이. 동사만으로써는 화면이 보이지 않습니다.

그런데, 다음처럼 보어(**보충 단어**)의 도움을 받으니 화면이 보이고 의미가 전달됩니다.

I **became**	a doctor
She **is**	a student
He **seems**	kind
You **keep**	quiet

I became **a doctor**	나는 **의사가 되었다**
She is **a student**	그녀는 **학생이다**
He seems **kind**	그는 **착한 것 같다**
You keep **quiet**	너는 계속 **조용한** 상태이다

보어 자리에 **명사**인 'doctor(의사)'와 'student(학생)'이 있고 또 **형용사**인 'kind(착한)'과 'quiet(조용한)'이 있어 하나의 규칙을 확인할 수 있습니다.
그것은 바로 보어 자리에 **명사와 형용사가 위치**한다는 것입니다.

보어를 이끄는 동사는 크게 4가지 유형으로 구분할 수 있습니다. 위의 예문에 제시된 동사들이 바로 그것입니다.

is	(-이다)
become	(-되다) 변화가 생기다
keep	(계속해서 -이다)
seem	(-인 것 같다)

이 4가지 유형의 동사들과 형용사 'cloudy(흐린)'을 짝지어 어떤 차이가 나는지 알아보겠습니다.

ⓐ The sky **is** cloudy	하늘이 흐리다
ⓑ The sky **becomes** cloudy	하늘이 흐려지다
ⓒ The sky **keeps** cloudy	하늘이 계속 흐리다
ⓓ The sky **seems** cloudy	하늘이 흐린 것 같다

위의 예문에서 공통적으로 쓰인 cloudy(흐린, 구름 낀)은 '주어'인 하늘의 상태가 흐리다는 것을 나타내는 '형용사'로서 ⓐ, ⓑ, ⓒ, ⓓ 각 동사들의 보어에 해당합니다.

그런데 형용사 'cloudy(흐린)'가 어떤 동사와 짝을 이루는지에 따라 'cloudy(흐린)' 상태의 정도나 의미가 달라집니다.

ⓐ is(-이다) 가 이끄는 cloudy

: 단순히 지금 '하늘이 흐린 상태'라는 의미

ⓑ become(-되다) 이 이끄는 cloudy

: 맑은 상태에서 흐린 상태로 **변화가 생긴다**는 의미

ⓒ keep (계속해서 -이다)이 이끄는 cloudy

: 예전부터 흐린 상태를 **계속 유지하고 있다**는 의미

ⓓ seem (-인 것 같다)이 이끄는 cloudy

: 맑은지 흐린지 애매한데 **흐린 쪽에 가깝다**는 의미

UNIT 5. 그녀는 학교이다?

UNIT 3 '착하다와 착한'에서 형용사, 명사를 구분했었습니다.

기억나세요? '명사'는 사람이나 사물의 이름을 나타내는 품사이고, 형용사는 '사람이나 사물의 성질이나 상태를 나타내는 품사로서 '-ㄴ'소리를 가지고 태어나서, '-다'소리를 가진 우리말과 다르다고 했습니다.

1. 사람은 사람이다

ⓐ 그녀는 뚱뚱하다
ⓑ 그녀는 학생이다
ⓒ *그녀는 학교이다*

위의 예문에서 이상한 부분을 찾아보세요.

빙고. ⓒ입니다.

위의 예문을 영어 어순으로 고쳐보면

ⓐ 그녀는 ˇ이다 \뚱뚱한	She ˇis \fat
ⓑ 그녀는 ˇ이다 ^학생	She ˇis ^a student
ⓒ *그녀는 ˇ이다 ^학교*	**She** ˇis ^*a school*

'is(이다)'는 보어를 이끄는 동사로서, ⓐ에서 형용사인 'fat(뚱뚱한)'을 이끌고, ⓑ와 ⓒ에서는 명사인 'student(학생)'과 'school(학교)'를 위치시킵니다.

ⓐ에서 보어 자리에 위치한 'fat (뚱뚱한)'을 통해서, 주어(=She)의 상태가 뚱뚱하다는 것을 알 수 있으므로 '-ㄴ' 소리가 나는 'fat (뚱뚱한)'이 보어 역할을 한 것이고,

ⓑ에서 보어 자리에 위치한 'student (학생)'을 통해서, 주어(=She)의 신분을 나타내는 이름이 '학생'이라는 것을 알 수 있으므로 'student (학생)'이 명사로서 보어의 역할을 한 것입니다.

그런데 ⓒ에서 보어 자리에 위치한 'school (학교)'라는 명사가 주어(=She 그녀)의 신분을 나타낼 수 없기 때문에 'school (학교)'이라는 명사는 보충단어의 역할을 할 수 없습니다.

보어 자리에 위치할 수 있는 것은 형용사 또는 명사입니다.
그런데, 보어 자리에 명사가 올 때는 '주어=보어'인 등식관계가 성립해야 합니다.
ⓑ 그녀 = 학생　　(She = a student)
ⓒ 그녀 ≠ 학교　　(She ≠ a school)
ⓒ의 경우 주어인 'She (그녀)'가 사람이므로 사물의 이름인 'school(학교)'가 보어 자리에 올 수 없습니다.

She = a student

She ≠ a school

2. 사물은 사물이다

ⓐ 그것은 아름답다 (It is beautiful)
ⓑ 그것은 학교이다 (It is a school)
ⓒ 그것은 학생이다 (It is a student)

위의 예문에서 이상한 부분을 찾아보면,
ⓐ에서 보어 자리에 위치한 형용사 'beautiful(아름다운)'을 통해서 **사물**을 나타내는 주어(It 그것)의 상태가 아름답다는 것을 알 수 있으므로 '-ㄴ' 소리가 나는 'beautiful(아름다운)'이 보어의 역할을 한 것이고,

32

ⓑ에서 보어 자리에 위치한 명사 'school(학교)'를 통해서 **사물을 나타내는 주어(It 그것)**의 이름이 'school(학교)'라는 것을 알 수 있으므로 'school(학교)'가 명사로서 보어의 역할을 한 것입니다.

'그것 = 학교'라는 등식관계가 성립하므로 옳은 표현입니다.

ⓒ에서 보어 자리에 위치한 명사 **'student (학생)'**이 **사물을 나타내는 '그것 (It)'의 이름이 될 수 없기 때문에** 'student (학생)'이라는 명사는 보충단어의 역할을 할 수 없습니다.

It = a school

It ≠ a student
[그것 ≠ 학생]

UNIT 6. '-을/를'과 '-에게'가 붙는 목적어

다음 동사들의 공통점은 무엇일까요?

ⓐ I eat	나는 **먹다**
ⓑ She **teaches**	그녀는 **가르치다**
ⓒ He **makes**	그는 **만들다**

✓ **먹는 동작**을 하는 화면, **가르치는 동작**을 하는 화면, **만드는 동작**을 하는 화면이 보이므로 <u>보충단어</u>가 필요하지 않습니다.

✓ '먹다' '가르치다' '만들다'라는 동사는 **동작의 대상**을 필요로 합니다. 이 동사들은 <u>**목적어**를 필요로 한다는 것</u>을 앞 단원 '동사는 대장이다1'에서 설명했습니다.

오케이.
먹는 화면, 가르치는 화면, 만드는 화면이 보이는데.
무엇을 먹는지, **무엇을** 가르치는지, **무엇을** 만드는지를 궁금하게 하는 동사입니다.

ⓐ I eat ^**an apple**	나는 먹다 ^**사과를**
ⓑ She teaches ^**English**	그녀는 가르치다 ^**영어를**
ⓒ He makes ^**a doll**	그는 만들다 ^**인형을**

목적어 자리에 'apple 사과', 'English 영어', 'doll 인형' 이 있어 하나의 규칙을 발견할 수 있습니다.
그것은 **목적어**의 자리에, 사람이나 사물의 이름을 나타내는 품사인 **명사**가 온다는 것입니다. '**무엇을** 먹는지, **무엇을** 가르치는지, **무엇을** 만드는지'에서 **무엇**에 해당하는 단어가 바로 **명사**입니다.

'**맛있게** 먹다'가 옳은 표현이고, '*맛있는* 먹다'는 틀린 표현입니다. 동사인 '먹다' 앞에는 '맛있게'처럼 '-게'가 붙는 말이 오고, '맛있는'처럼 '-ㄴ'이 붙는 말이 오면 이상하다고 느낍니다.
'*맛있는* 먹다'는 틀린 표현이지만, '맛있는 **사과를** 먹다'는 옳은 표현입니다. '먹다'라는 동작의 대상이 무엇인지를 알 수 있기 때문입니다. 우리말 '-을/를'을 붙인 '사과'(맛있는 사과)가 '먹다'라는 동사의 목적어입니다.

다음 예문에서 이상한 점을 찾고 그 이유를 설명해 보세요.

ⓐ She teaches ^English	그녀는 가르치다 ^영어를
ⓑ She teaches ^reading	그녀는 가르치다 ^독서를
ⓒ She teaches *read*	그녀는 가르치다 *읽다*를

'teach 가르치다'의 목적어 역할을 할 수 있는 것은
ⓐ의 '**영어 (English)**'라는 **명사**와
ⓑ의 '**독서 (reading)**'라는 **명사입니다.**

ⓒ의 '**읽다 (read)**'는 **명사**가 아니라 동사이기 때문에, '-을/를'이 붙는 목적어 역할을 할 수 없습니다.

목적어 자리에 무엇이 온다고요?
오케이. **명사**입니다.

보어를 이끄는 동사와 달리 목적어를 이끄는 동사는 매우 많기 때문에, 한꺼번에 익힐 수는 없고 꾸준한 학습이 필요합니다.
앞에서 예시한 'apple 사과', 'English 영어', 'doll 인형'과 같은 **사물**을 **목적어**로 이끄는 동사가 있고, **사람**을 **목적어**로 이끄는 동사도 있습니다. 더 나아가 **사람과 사물** 두 가지를 동시에 **목적어**로 이끄는 동사도 있습니다.

1. 목적어가 1개인 동사 (사물이 목적어)

나는 **사과를** 먹다	I eat **an apple**
나는 **우유를** 마시다	I drink **milk**
나는 **책을** 읽다	I read **books**

'먹다 (eat)' '마시다 (drink)' '읽다 (read)'라는 동사는 **사물**을 **목적어** 자리에 위치시킵니다.
사물인 사과를 먹고, 사물인 우유를 마시고, 사물인 책을 읽습니다.
그리고 목적어임을 나타내는 '-을 /-를'을 붙입니다.

2. 목적어가 1개인 동사 (사람이 목적어)

ⓐ Tom은 **가수를** 인터뷰할 것이다	Tom will interview **a singer**
ⓑ 우리는 **그 소녀를** 축하했다	We congratulated **the girl**
ⓒ 나는 **그 소녀를** 환영하다	I greet **the girl**

'인터뷰하다(interview)' '축하하다(congratulate)' '환영하다(greet)' 라는 동사는 **사람**을 **목적어** 자리에 위치시킵니다.

사람을 인터뷰하고 사람을 축하하고 사람을 환영하는 것이지, 사물에게 그런 동작을 하지 않습니다.

그리고 목적어임을 나타내는 '-을 /-를'을 붙입니다.

우리말에서 목적어는 보통 '-을/-를'을 붙여 목적어임을 나타냅니다. 그런데 영어에서는 우리말의 '~을/를'이 붙지 않아도 목적어가 되는 것이 있습니다.

'-에게'를 붙인 목적어

위 ⓒ 예문의 'greet'은 '인사하다'는 뜻도 있어, 다음처럼 해석할 수도 있습니다.

I greet ^**the girl**	나는 인사하다 ^**그 소녀에게**

주어(내 I)가 인사하는 화면이 보입니다.

주어인 '내'가 인사하려면, 인사하다는 동작의 대상(목적어)이 있어야 합니다. 즉 인사를 받을 '상대'(목적어)가 있어야 합니다. 아무도 없는 곳에다가 인사를 하면, '이상한 사람'이라는 소리를 들을 수도 있습니다.

동사 'greet (인사하다)'는 목적어를 이끄는 대장입니다.
이 때 '~을/를'을 붙인지 않고 **'-에게'**를 붙여 **목적어**임을 나타냅니다.

 나는 인사하다    나는 인사하다 ^그 소녀에게

| ⓒ 나는 **그 소녀를** 환영하다 | I greet **the girl** |
| ⓓ 나는 **그 소녀에게** 인사하다 | I greet **the girl** |

동사 'greet'의 뜻이 '-를 환영하다'이든지 '-에게 인사하다'이든지 둘 다 상대방을 '반기다'는 의미이므로 특별한 차이가 없습니다.
우리말에서는 보통 '~을/를'을 붙여 목적어임을 나타내지만,
영어에서는, 우리말 '~을/를'이 아닌 '-에게'가 붙어도 목적어임을 나타낼 수 있습니다.

다음 동사를 구분해 보세요.

| ⓔ He stole ^the TV | 그는 훔쳤다 ^TV를 |
| ⓕ He robbed ^people | 그는 강도질했다 ^사람들에게 |

동사	목적어	표현
steal 훔치다	사물	-을
rob 강도질하다	사람	-에게

'steal (훔치다)'라는 동작의 대상은 사물(TV)이지만, 'rob(강도질하다)'라는 동작의 대상은 사람(people)입니다.
도둑질은 물건(사물)을 훔치는 동작인 반면, 강도질은 사람에게 위협을 가해서 무언가를 빼앗는 동작입니다.

'steal (훔치다)'는 **사물을 목적어로** 이끄는 동사이고, 'rob (강도질하다)'은 **사람을 목적어로** 이끄는 동사입니다.
'steal (훔치다)'의 목적어 자리에 우리말 '-을/-를'이 붙고, 'rob (강도질하다)'의 목적어 자리에 우리말 '-에게'가 붙어있지만, 각각 'steal (훔치다)'와 'rob (강도질하다)'라는 동사의 목적어입니다.

영어에서는, 목적어 자리에 우리말 '-에게'가 붙어 있더라도, 동사의 목적어가 될 수 있습니다. '**누구에게** 강도질하다', '**누구에게** 인사하다'이지, '**누구를** 강도질하다', '**누구를** 인사하다'가 아니기 때문입니다.

steal(훔치다)

rob(강도질하다)

3. 목적어가 2개인 동사 (pass형태)

예문	해석	목적어
I pass ^the soccer ball	나는 패스하다 ^축구공을	**사물**
I pass ^my friend	나는 패스하다 ^친구에게	**사람**

축구할 때 친구에게 '공을 패스(pass)해 줘'라고 말합니다. 이 때 '패스하다 (pass)'는 동작을 하려면, 그 동작을 하는 **주어**와 **함께** '패스하다 (pass)'는 동작의 대상인 **목적어**가 있어야 합니다.

다시 말해, '패스하는 사람 (주어)'과 '패스 받는 사람 (목적어)'이 있어야 합니다.

'pass(패스하다)'라는 동사는 애당초 '패스 받는 사람 (목적어)'이 있어야 '패스하다'는 동작이 가능합니다. '패스 받는 사람 (목적어)' 없이, 빈 공간이나 유령에게 패스할 수 는 없겠죠.

'I pass ^my friend (나는 패스하다 ^친구에게)'에서
패스를 받는 것은 'my friend (친구)'이기 때문에, 우리말 '을/를'이 아닌 '-에게'가 붙어 있어도 '친구+에게'가 목적어입니다.

또한,
'I pass ^the soccer ball (나는 패스하다 ^축구공을)'에서
패스를 할 물건은 'the soccer ball (축구공)'이기 때문에, '패스하다'의 목적어는 우리말 '축구공+을'입니다.

동사 '패스하다 (pass)'의 <u>목적어는 2 가지</u>입니다.
'my friend (친구)'처럼
우리말 '-에게'가 붙어 목적어가 되는 사람 목적어와
'the soccer ball (축구공)'처럼
우리말 '-을/를'이 붙어 목적어가 되는 사물 목적어입니다.

사물 목적어	
ⓐ I send ^**<u>apples</u>**	나는 보내다 ^**<u>사과를</u>**
ⓑ I teach ^**<u>English</u>**	나는 가르치다 ^**<u>영어를</u>**
ⓒ I show ^**<u>stamps</u>**	나는 보여주다 ^**<u>우표를</u>**

밑줄 친 'apples (사과를)', 'English (영어를)', 'stamps (우표를)'이 각각 'send (보내다)', 'teach (가르치다)', 'show (보여주다)'의 '사물 목적어'입니다.

I teach ^English

I teach ^the student

사람 목적어	
ⓓ I send ^<u>Tom</u>	내가 보내다 ^<u>Tom에게</u>
ⓔ I teach ^<u>the student</u>	내가 가르치다 ^<u>학생에게</u>
ⓕ I show ^<u>you</u>	내가 보여주다 ^<u>너에게</u>

밑줄 친 'Tom (Tom에게)', 'students (학생들에게)', 'you (너에게)'가 각각 'send(보내다)', 'teach(가르치다)', 'show(보여주다)'의 '사람 목적어'입니다.

앞 페이지의 그림 'I teach English'에서는, 배우는 사람의 모습은 보이지 않고 칠판에 적힌 영어만 보입니다. 'teach (가르치다)'의 목적어가 'English (영어를)' 뿐이기 때문입니다.
또한 그림 'I teach the student'에서는 칠판에 영어가 씌어 있지 않고 가르침을 받는 학생만 보입니다. 'teach (가르치다)'의 목적어가 'the student (학생에게)' 뿐이기 때문입니다.

그런데, 'teach (가르치다)'가 2 개의 목적어를 데려오면, 다음 그림처럼 2 개의 목적어가 모두 화면에 보입니다.

I teach ^the student ^English

'pass (패스하다)'처럼, 'teach (가르치다)'도 애당초 2 개의 목적어를 가지고 있는 동사입니다. 가르칠 내용에 해당하는 <u>사물 목적어</u>와 가르침을 받을 <u>사람</u>

목적어가 그것입니다.

'send (보내다)'도 보낼 물건과 그것을 받을 상대가 있어야 하고, 'show (보여주다)'도 보여줄 물건과 그것을 볼 상대가 애당초 있었던 것입니다.

그래서 'send(보내다)', 'teach(가르치다)', 'show(보여주다)'와 같은 'pass 형태'의 동사는 동시에 2개의 목적어를 데리고 오는 성질이 있다는 것을 알 수 있습니다.

사람 / 사물 목적어	
⑨I send ^**Tom** ^<u>apples</u>	나는 보내다 **Tom에게** <u>사과를</u>
ⓗI teach ^**the student** ^<u>English</u>	나는 가르치다 **학생에게** <u>영어를</u>
ⓘI show ^**you** ^<u>stamps</u>	나는 보여주다 **너에게** <u>우표를</u>

위에서와 같이 동사가 2개의 목적어를 동시에 이끌고 왔을 때 '**-에게**'에 해당하는 것을 '**간접목적어**'라고 하고 밑줄 친 '**-을/를**'에 해당하는 것을 '**직접목적어**'라고 합니다.

동사가 2개의 목적어를 동시에 등장시킬 경우, '~에게'에 해당하는 '간접목적어'를 '~을/를'에 해당하는 '직접목적어'보다 먼저 나타내기로 약속했다는 점을 명심하세요.

동사 ^간접목적어 ^직접목적어

I teach **the student** <u>English</u>　(O)
　　학생에게　　영어를

I teach *English* *the student*　(X)
　　영어를　　학생에게

'깨끗이'와 '깨끗히' 중에서 옳은 것은 '깨끗이'입니다. 복잡하게 생각하지 말고 '깨끗이'로 하자고 약속을 했다고 생각하면 됩니다.

마찬가지로 '간접목적어'를 '직접목적어'보다 먼저 등장시키기로 약속했다고 생각하세요.

'깨끗히'라고 해도 알아듣는 것처럼 'I teach <u>English</u> **the student**'처럼 '간접목적어'가 '직접목적어'보다 나중에 등장해도 알아듣습니다. 단지 맞춤법이라는 규칙에 어긋났을 뿐이지 알아들으니 너무 스트레스 받지 마세요.

'간접목적어'가 나중에 등장할 때의 올바른 표현은 뒤의 '명사모양 바꾸기'에서 배우겠습니다.

중요한 것은 'eat(먹다)'와 'greet(인사하다)'처럼 **1개의 목적어**를 이끄는 동사도 있고 'teach(가르치다)'처럼 **2개의 목적어**를 이끄는 동사도 있다는 것입니다.

4. 목적어가 2개인 동사 (make형태)

ⓙ I make ^**a doll**	내가 **만들다** ^인형을
ⓚ I buy ^**apples**	내가 사다 ^사과를
ⓛ I read ^**a book**	내가 읽다 ^책을

동사 'eat (먹다)'가 '사과'와 같은 사물만 목적어로 데려오는 것과 마찬가지로 동사 'make (**만들다**)'도 '인형'과 같은 사물만 목적어로 데려옵니다.

ⓜ I make ^**her** ^<u>a doll</u>	나는 **만들어주다 그녀에게** <u>인형을</u>

그런데 동사 'make'는 '**만들어주다**'라는 뜻이 있어서 ⓜ처럼 간접목적어(her 그녀에게)와 직접목적어(doll 인형을)를 함께 이끌기도 합니다.

앞 페이지의 teach가 '가르치다'는 1개의 소리로써 목적어를 이끄는 반면, 'make'는 '만들다'와 '만들어주다'라는 서로 다른 2개의 소리로써 다른 방식의 목적어를 이끄는 것입니다.

'teach 가르치다'의 경우, '가르칠 과목(영어)'과 '가르칠 대상(학생)'이 애당초 있습니다. 그런네 'make 만들어주다 만들다 '의 경우, 동작을 하는 주어가 남<u>을 위해 만들어 줄</u> 수도 있고 동작을 하는 주어가 <u>스스로 사용할 목적으로 만</u><u>들</u> 수도 있기 때문에 목적어가 반드시 2개일 필요는 없습니다.

'buy (사다, 사주다)'와 'read (읽다, 읽어주다)'도 두 가지 뜻이 존재합니다. 주어가 자신을 위해 '무엇을 사거나' '무엇을 읽게' 되면 목적어가 1개인 경우이지만, 다른 사람을 위해서 '누구에게 무엇을 사주거나' '누구에게 무엇을 읽어주게' 되면 목적어가 2개인 경우가 됩니다.

ⓔ I **buy** ^Tom ^apples	내가 **사주다** Tom에게 사과를
ⓕ I **read** ^you ^a book	내가 **읽어주다** 너에게 책을

make형 동사는 그 의미가 '만들다' 또는 '만들어주다'인지에 따라서 목적어의 개수가 1개에서 2개로 바뀌지만, teach형 동사는 '가르치다'라는 하나의 의미 속에서 직접목적어와 간접목적어를 모두 이끌 수 있는 것이 차이점입니다.
그렇지만 두 개의 목적어를 동시에 쓸 경우에 무엇을 먼저 등장시켜야 할까요?
오케이. 간접목적어입니다.

동사 ^**간접목적어** ^직접목적어
^-에게   ^-을/를

I teach **the student** English   (O)
I teach *English* ***the student***   (X)

I make **her** a doll   (O)
I make *a doll* ***her***   (X)

아빠: 우리말 순서와 다른, 영어 순서는?
아들: '^**주어** ˅**동사**'입니다.

아빠: 동사(˅)가 오면 무엇을 생각하나요?
아들: '화면이 보이는지 안 보이는지'를 생각합니다.
아빠: 화면이 안 보이면 무엇이 오나요?
아들: **보어**(보충단어)가 옵니다.

아빠: 동사(˅)가 화면을 보여주면 무엇을 생각하나요?
아들: **목적어**가 필요한지를 생각합니다.

아빠: 잘 기억하세요!

아들: 아빠. 그럴 필요 없어요.
__동사가 스스로 정해줍니다__. **동사가 대장이에요.**

아빠: 오케이.
영어의 목적어는 우리말 '-을/를'만 붙나요?

아들: 아니요. 우리말 '-에게'도 붙습니다.

아빠: 빙고.

아빠: **주어 다음에** 오는 것은 동사입니다.
그런데, **주어 자리에** 위치하는 것은?

아들: **명사(^)**입니다.

아빠: **목적어 자리**에 위치하는 것은?

아들: **명사(^)**입니다.

아빠: 주의해야 할 것이 있습니다.
보어 자리에 위치하는 것은?

아들: **명사(^)와 형용사(\)**입니다.

아빠: 영어에서 **형용사(\)는** 어떤 소리가 납니까?

아들: **'-ㄴ' 소리**가 납니다.

아빠: 영어에서 **'-ㄴ' 소리가 나는 형용사(\)는** 누구와 친합니까?

아들: '-ㄴ' 소리가 나는 형용사는 **명사와 친합니다.**

아빠: 빙고. '-ㄴ' 소리가 나는 형용사는, '사과는 이다 **맛있는**'처럼 보어로 쓰이기도 하고, '**맛있는** 사과'처럼 '사과'를 꾸미기도 합니다.

아들: '꾸미기'가 무슨 말이에요?

UNIT 7. 꾸미기

아빠: 선우는 소녀이다
아들: 선우는 ⌄이다 ^소녀
아빠: 선우는 착한 소녀이다
아들: 선우는 ⌄이다 *소녀 착한*
아빠: 아까운데...
아들: 선우는 ⌄이다 ^**착한 소녀**
아빠: 딩동댕. '**착한 소녀**'는 자석처럼 붙어 다닌답니다.

1. 형용사 (맛있게 사과?)

다음 (A)의 '집'과 (B)의 '집'을 비교해 보세요.

(A)	(B)
집	나의 집
집	너의 집
집	깜찍한 집
집	예쁜 집
집	낡은 집

새로 지은 아파트의 집들은 (A)와 같이 모두가 같은 모양입니다. 가구와 장식품으로써 집을 **꾸미면** 집마다의 개성이 생겨 (B)와 같이 '예쁜 집' 혹은 '낡은 집'과 같이 (A)의 '집'을 구분할 수 있습니다.

사람이 사는 집을 **꾸미는** 것은 가구와 장식품입니다.
사물의 이름을 나타내는 '명사'에 해당하는 '집'을 **꾸미는** 것은 '깜찍한, 예쁜,

낡은'과 같은 단어이고, 이 단어들은 '-ㄴ' 소리로 끝난다는 공통점을 가집니다.

세상에 있는 수많은 '집'들 중에서 '예쁜 집'으로 **제한**함으로써 '집'들의 수가 **한정**됩니다. '집'을 꾸미는 '예쁜'이라는 단어로 인해 수많은 '집'들 중에서 **특정한 집을 구분**할 수 있습니다.

우리말 '집'이라는 **명사를 꾸미는** 단어들의 공통점은
① '예쁘다'의 '-다'소리도 '예쁘게'의 '-게'소리도 아닌,
'예쁜'처럼 **'-ㄴ' 소리**가 나는 단어들입니다.
예쁘다 집   (X)
예쁘게 집   (X)
예쁜 집   (O)
② '예쁜 집'처럼 명사(집)의 **앞에 자리해서** 명사(집)를 **꾸밉니다.**

우리말은 명사를 꾸미기 위해서 '-ㄴ'모양을 가지고 태어난 단어가 없기 때문에, 명사를 꾸미는 단어의 모양을 '-ㄴ'모양으로 바꿔야 하지만, 영어에서는 '-ㄴ'모양을 가진 상태로 태어난 단어가 있다고 했습니다. 무엇일까요?

딩동댕. UNIT 3. '착하다와 착한'에서 말했던 것처럼,
영어에서 '-ㄴ'모양을 가진 상태로 태어난 단어는 **형용사**입니다.

(C)		(D)	
house	집	**my** house	**나의** 집
house	집	a **tiny** house	**깜찍한** 집
house	집	a **pretty** house	**예쁜** 집
house	집	a **clean** house	**깨끗한** 집
house	집	an **old** house	**낡은** 집

형용사 'pretty'는 우리말로 나타내면 '예쁘다'가 아니라 '예쁜'에 해당되어 '-ㄴ' 소리로 끝나는 단어이므로, 영어에서의 형용사는 그 자체로 명사를 꾸밀 수 있습니다.

영어에서 'house (집)'라는 **명사를 꾸미는** 단어들의 공통점은
① '**pretty** (예쁜)'과 같은 **형용사**입니다.
② 'a **pretty** house (예쁜 집)'처럼 명사(house 집)의 **앞에 자리 해서** 명사
(**house   집**)를 꾸밉니다.

ⓐ	The house is his	그 집은 그의 것이다
	The **pretty house** is his	그 **예쁜 집**은 그의 것이다

ⓑ	He likes a car	그는 차를 좋아하다
	He likes a **tiny car**	그는 **깜찍한 차**를 좋아하다

ⓒ	It is an apple	그것은 사과이다
	It is a **delicious apple**	그것은 **맛있는 사과**이다

2. 명사의 왼쪽에 위치한 'a', 'an', 'the'는 정보원

> Ⓐ ^The **pretty house** ⌄is his | 그 예쁜 집은 그의 것이다

주어는 'The **house** (집)'입니다. '집(house)'은 집(house)인데 '예쁜 집 (The pretty house)'입니다.

> Ⓑ He ⌄likes ^a **tiny car** | 그는 ⌄좋아하다 ^깜찍한 차를

'like (좋아하다)'의 **목적어**는 'a **car** (차)'입니다. '차(car)'는 차(car)인데 '깜찍한 차 (a tiny car)'를 좋아합니다.

> Ⓒ It ⌄is ^a **delicious apple** | 그것은 ⌄이다 ^맛있는 사과

'is (-이다)'라는 동사는 화면을 보여주지 않습니다.
'is (-이다)'의 **보충단어**는 '맛있는 (delicious)'이 아닙니다.
'is (-이다)'의 **보어**는 '사과 (an apple)'입니다. 왜냐하면 'a'가 정보를 주기 때문입니다.

명사의 **왼쪽에 위치한** 'a', 'an', 'the'는 명사가 등장한다는 것을 암시합니다. 'a', 'an', 'the' 다음에 곧장 명사가 등장하지 않더라도 반드시 명사가 등장한다는 정보를 줍니다.
'**an** apple'에서 'an' 다음에 곧장 명사(apple 사과)가 등장하지만,
'**a** delicious apple'에서 'a' 바로 다음은 아니지만, 반드시 명사(apple 사과)가 등장한다는 것을 알립니다. 'a'와 명사(apple 사과) 사이에는 '-ㄴ' 소리가 나는 형용사가 위치하기 때문입니다.

'<u>a</u> delicious apple'의 밑줄 친 'a'가 'is (-이다)'의 **보충단어**는 명사^(apple 사과)라는 것을 알려주는 **정보원**입니다.
'그것은 ⌄이다 ^맛있는 **사과**'라고 해야 합니다.
'그것은 이다   *사과 맛있는*'라고 하지 않습니다.

3. 부사 (맛있는 먹다?)

ⓐ 맛있는 사과
ⓑ *맛있게* 사과
ⓒ 맛있게 사과를 먹다

ⓐ의 '맛있는 사과'는 말이 되지만, ⓑ의 '*맛있게* 사과'는 이상합니다. 하지만 ⓒ 와 같이 '맛있게 사과를'에 '먹다'라는 동사를 붙여 '맛있게 사과를 먹다'라고 하면 이상하지 않습니다. ⓑ의 '맛있게'가 '먹다'와 어울리기 때문입니다.

'맛있는 사과'처럼 '-ㄴ'소리가 나는 '맛있는'이 명사(사과)의 앞에 자리해서 명 사(사과)를 꾸밀 때는 어울리지만, '*맛있게* 사과'의 '맛있게'는 명사(사과)와 어 울리지 않고 동사(먹다)와 어울린다는 것을 알 수 있습니다.

동사와 어울리는 단어를 공부해 보겠습니다.

다음 (E)의 '운전하다'와 (F)의 '운전하다'를 비교해 보세요.

(E)	(F)
그가 차를 운전하다	그가 차를 **천천히** 운전하다
그가 차를 운전하다	그가 차를 **빨리** 운전하다
그가 차를 운전하다	그가 차를 **조용히** 운전하다
그가 차를 운전하다	그가 차를 **흥겹게** 운전하다
그가 차를 운전하다	그가 차를 **위험하게** 운전하다
그가 차를 운전하다	그가 차를 **안전하게** 운전하다

(E)는 '운전하다'는 모두 똑같이 '운전하는 동작'을 보여줍니다.

(F)의 '운전하다'는 각각 다르게 '운전하는 동작'을 보여줍니다.
'천천히 운전하는 모습', '빨리 운전하는 모습', '조용히 운전하는 모습', '흥겹 게 운전하는 모습', '위험하게 운전하는 모습', '안전하게 운전하는 모습'

주어(그)가 어떻게 운전하는지를 구분할 수 있어 **'운전하다'는 동작**의 모양과 분위기를 다르게 느낄 수 있습니다.

앞 페이지 (B)에서 이 집은 '예쁜 집', 저 집은 '낡은 집'하고 (A)의 '집'을 구분할 수 있는 것처럼, (F)에서 이렇게 운전하는 동작은 '안전하게 운전하다'는 동작이고, 저렇게 운전하는 동작은 '위험하게 운전하다'는 동작이라고 말할 수 있어서 (E)의 '운전하다'라는 동작이 구분되는 것을 알 수 있습니다.

'운전하다'를 나타내는 수많은 동작 중에서 '안전하게 운전하다'로 **제한**함으로써 '운전하는 동작'의 수가 **한정**되어, 수많았던 '운전하는 동작'을 구분할 수 있습니다. 수많았던 '운전하다'라는 동작을 구분할 수 있게 해 준 것은 바로 '안전하게'라는 단어가 '운전하다'를 **꾸미기** 때문입니다.

'운전하다'라는 **동사를 꾸미는** 단어들의 공통점은
① '예쁜', '안전한'처럼 '-ㄴ' 소리가 나는 단어들이 아니라,
　'안전하게', '조용히'처럼 '육하원칙'의 '어떻게'에 해당하는 단어들입니다.
② **'안전하게** 운전하다'처럼 **동사(운전하다)의 앞에 자리해서**
　동사 (운전하다)를 꾸밉니다.

그런데, 영어에서는 위치가 바뀝니다.

우리말 :	안전하게	운전하다
영어 ：		∨운전하다 / 안전하게

아빠: 그가 차를 운전하다
아들: 그가 ∨운전하다 ^차를
아빠: 영어로 해 보세요
아들: He ∨drives ^a car
아빠: 딩동댕

아빠: 그가 차를 안전하게 운전하다

아들: 그가 ∨운전하다 ^차를 / 안전하게

아빠: 빙고.

　　　영어로 해 보세요

아들: He ∨drives ^a car …, '안전하게'가 영어로 뭐죠?

아빠: safely

아들: He ∨drives ^a car / safely

아빠: 딩동댕. 왜 영어에서 '안전하게 (safely)'가 '운전하다 (drive)'의 뒤에서 꾸밀까요?

아들: 동사가 대장인데, 'drive (운전하다)'는 목적어(car 차)를 이끄는 대장이므로, '안전하게 (safely)'가 <u>He ∨drives ^a car</u>'를 비집고 들어 갈 수 없습니다. 그래서 그 다음에 '안전하게 (safely)'가 올 수 밖에 없잖아요…

아빠: 빙고.

4.　비집고 들어갈 수 없는 '부사'

UNIT 2. '동사는 대장이다1'에서 말했던 것처럼,
영어의 순서는 '주어∨동사'이고,
동사가 보어 또는 목적어를 <u>스스로</u> 정해줍니다.

'He drives a car safely (그가 운전하다 차를 안전하게)'
'drive (운전하다)'는 목적어를 이끌어서
'주어∨동사(drive)+목적어(car 차)'와 같은 순서를 만들기 때문에
'안전하게 (safely)'가
'주어(He)와 동사(drive)' 또는 '동사(drive)와 목적어(car)' 사이를 비집고 들어 갈 수 없답니다.

'안전하게 운전하다'에서 '안전하게'와 어울리는 것은 '운전하다'는 동사이고 '맛있게 사과를 먹다'에서 '맛있게'와 어울리는 것은 '먹다'라는 동사입니다.

우리말에서도 영어에서도 **동사와 어울리는** '안전하게'와 '맛있게'와 같은 단어를 '**부사**'라고 합니다.

단, '부사(/)'가 '동사(^)'를 꾸밀 때, 우리말과 영어의 부사의 위치는 서로 달라집니다.

	(G)
He drives a car	그가 운전하다 ^차를
	(H)
He drives a car **slowly**	그가 운전하다 ^차를 / **천천히**
He drives a car **fast**	그가 운전하다 ^차를 / **빨리**
He drives a car **quietly**	그가 운전하다 ^차를 / **조용히**
He drives a car **happily**	그가 운전하다 ^차를 / **흥겹게**
He drives a car **dangerously**	그가 운전하다 ^차를 / **위험하게**
He drives a car **safely**	그가 운전하다 ^차를 / **안전하게**

우리말과 영어의 제일 큰 차이점은 동사의 위치입니다.

영어에서 **주어ˇ동사**

주어 바로 다음에 등장하는 동사의 위치 때문에 부사가 그 사이를 비집고 들어갈 수 없습니다. 그러므로 영어에서 동사를 꾸미는 부사의 위치가 우리말의 경우와 달라지는 것은 당연합니다.

영어에서 'drive (운전하다)'라는 **동사를 꾸미는** 단어들의 공통점은
① 'safely (안전하게)'와 같은 **부사**입니다.
② 'drive/safely (운전하다**안전하게**)'처럼 동사(drive 운전하다)의 **뒤에 자리**해서 동사(drive)를 꾸밉니다.
영어 순서는 '주어 ˇ동사'이므로 부사가 주어와 동사 사이를 비집고 들어 갈 수 없기 때문입니다.

---

5. 꾸미기원칙1

아빠: 그녀는 **소녀**이다
아들: 그녀는 ˇ이다 ^**소녀**

아빠: 그녀는 **친절한 소녀**이다
아들: 그녀는 ˇ이다 ^**친절한 소녀**

아빠: 그녀는 **매우 친절한 소녀**이다
아들: 그녀는 ˇ이다 ^**매우 친절한 소녀**

아빠: 오케이
　　　영어로 해 보세요
아들: She is a   ... '매우'가 영어로 뭐죠?
아빠: very
아들: She ˇis a **very kind** girl

아빠: 그녀는 친절하다
아들: 그녀는 ˇ이다 \친절한
　　　She ˇis **kind**

아빠: 그녀는 매우 친절하다
아들: 그녀는 ˇ이다 \매우 친절한
　　　She ˇis **very kind**
아빠: 빙고

@ She is **a very kind girl**

She is ^a girl	그녀는 이다 ^소녀
'is(이다)'는 보어를 이끄는 동사입니다. 명사 앞에 붙이는 'a'를 보는 순간, 'is(이다)'의 보어는 'kind (친절한)'이 아니라 'girl (소녀)'라는 것을 압니다.	
She is ^**a kind girl**	그녀는 이다 ^**친절한 소녀**
어떤 소녀입니까? 'a kind girl (친절한 소녀)'입니다. 'kind (친절한)'가 'girl (소녀)'를 꾸밉니다.	
She is ^a **very kind** girl	그녀는 이다 ^**매우 친절한** 소녀
얼마나 친절한 소녀입니까? 'a **very kind** girl (**매우 친절한** 소녀)'입니다. '매우 (very)'와 어울리는 것은 '친절한 (kind)'이 므로, 'very (매우)'는 형용사 'kind (친절한)'을 꾸밉니다. 그래서 '**a very kind girl (매우 친절한 소녀)**'은 소녀를 꾸미는 장식품이 소녀의 몸에 붙어 있는 것처럼 붙어 다닙니다.	

@의 'a **very kind** girl **매우 친절한** 소녀'에서
'친절한 소녀 (a kind girl)인데 **얼마나 친절한** 소녀인가요?

매우 친절한 (소녀), 조금 친절한 (소녀)...
'얼마나'에 해당하는 '매우(very)'와 '조금'이라는 단어가 '-ㄴ' 소리가 나는 '친절한 (kind)'을 꾸밉니다. 즉, '매우(very)'가 형용사(친절한 kind)를 꾸민다는 것을 알 수 있고 'very (매우)'처럼 **형용사'를 꾸미는 것을 영어에서 '부사**'라 고 합니다.

'매우 친절한'의 영어 표현은
'very kind 매우 친절한'이고 우리말처럼 'very (매우)**가 앞에 자리해서 'kind (친절한)'을 꾸밉니다.** 즉, 우리말처럼 영어에서도 **부사**(very 매우)**가 앞에 자리 해서 형용사**(kind 친절한)**를 꾸밉니다.**

아빠: 그는 차를 운전하다
아들: 그는 운전하다 차를

아빠: 그는 차를 **안전하게** 운전하다
아들: 그는 운전하다 차를 / **안전하게**

아빠: 그는 차를 **대단히 안전하게** 운전하다
아들: 그는 운전하다 차를 / **대단히 안전하게**

아빠: 오케이
　　영어로 해 보세요
아들: He drives a car ... '대단히'가 영어로 뭐죠?
아빠: really
아들: He drives a car / **really safely**
아빠: 잘 했어요.

ⓑ He drives a car **really safely**

He drives ^a car	그는 운전하다 ^차를
'drive(운전하다)'는 목적어(car 차)를 이끄는 동사.	
He drives a car / **safely**	그는 운전하다 차를 / **안전하게**
어떻게 운전합니까? '안전하게 운전합니다' 'safely (안전하게)'는 'drive (운전하다)'를 꾸미는 부사입니다. 영어에서 **동사**(drive 운전하다)**를 꾸미는 부사**는 주어와 동사 사이를 **비집고 들어 갈 수 없으므로**, 'drive 운전하다/ safely 안전하게'처럼 **동사**(drive)**의 다음에 자리해서** 꾸민다고 했습니다.	
He drives a car / **really safely**	그는 운전하다 차를 / **대단히 안전하게**
얼마나 안전하게 운전합니까? '**really safely** (대단히 안전하게)' 운전합니다. 'really (대단히)'와 어울리는 것은 'safely (안전하게)'이므로, 'really (대단히)'는 부사 'safely (안전하게)'를 꾸밉니다. 그래서 '**really safely** (대단히 안전하게)'는 함께 붙어 다닙니다.	

ⓑ의 '**really safely**'에서 안전하게 하는데 얼마나 안전하게 하나요?
대단히 안전하게 (운전하다), 약간 안전하게 (운전하다)...
'얼마나'에 해당하는 '대단히 (really)'와 '조금'이라는 단어가 '안전하게 (safely)'를 꾸밉니다. 즉, '대단히 (really)'가 부사(안전하게 safely)를 꾸민다는 것을 알 수 있고, 'really (대단히)'처럼 **'부사'를 꾸미는 것도 영어에서 '부사'**라고 합니다.

'대단히 안전하게'의 영어 표현은
'really safely (대단히 안전하게)'이고 우리말처럼 **부사**(really 대단히)**가 앞에 자리해서 부사**(safely 안전하게)**를 꾸밉니다.**

정리하겠습니다.

우리말은 **항상** 앞에 자리해서 뒤에 오는 다른 말을 꾸밉니다.
영어도 앞에 자리해서 뒤에 오는 다른 말을 꾸밉니다.

우리말	친절한 소녀
영어	친절한 소녀
	a kind girl

우리말	매우 친절한
영어	매우 친절한
	very kind

우리말	매우 친절한 소녀
영어	매우 친절한 소녀
	a very kind girl

우리말	대단히 안전하게
영어	대단히 안전하게
	really safely

우리말은 **항상** 앞에 자리해서 뒤에 오는 다른 말을 꾸밉니다.
영어도 앞에 자리해서 뒤에 오는 다른 말을 꾸밉니다.

그런데,
영어에서
부사는 동사의 뒤에 자리해서 동사를 꾸밉니다.
주어ᵛ동사 / 부사
부사가 주어와 동사 사이를 비집고 들어 갈 수 없기 때문입니다.

우리말	안전하게 운전하다
영어	운전하다 / 안전하게
	drive / safely

우리말	대단히 안전하게 운전하다
영어	운전하다 / 대단히 안전하게
	drive / really safely

아빠: '-ㄴ'소리가 나는 형용사는 누구랑 친해요?
아들: 사람이나 사물의 이름을 나타내는 명사
아빠: 그래서 '-ㄴ'소리가 나는 형용사가 꾸미는 것은?
아들: 명사입니다.
아빠: 맞습니다. 형용사는 명사만 꾸밉니다.
　　　무엇이 나머지 전부를 꾸밀까요?
아들: 부사입니다.

아빠: 우리말은 어디서 어디로 꾸밀까요?
아들: 앞에서 뒤로 꾸밉니다.
아빠: 영어도 마찬가지로 앞에서 뒤로 꾸밉니다.

아빠: 딱 하나 가지 조심할 것은?
아들: 부사가 동사를 꾸밀 때입니다.
아빠: 이유가 뭐죠?
아들: 영어 순서인 주어ˇ동사 때문입니다. 주어ˇ동사 사이를 비집고 들어 갈
　　　수 없습니다.

그래서 영어에서 다음의 규칙을 발견합니다.

각각의   단어가   각각의   단어를 꾸밀 때

즉, 형용사라는 단어가   명사라는   단어를 꾸밀 때

우리말	친절한 소녀
영어	a kind girl

부사라는   단어가   형용사라는 단어를 꾸밀 때

우리말	매우 친절한
영어	very kind

우리말	매우 친절한 소녀
영어	a very kind girl

부사라는   단어가   부사라는   단어를 꾸밀 때

우리말	대단히 안전하게
영어	really safely

앞에 자리해서 뒤에 오는 말을 꾸밉니다.

꾸미기원칙1
: 단어가 단어를 꾸밀 때는
 항상 앞에 자리해서 뒤에 오는 다른 말을 꾸미고
 서로 자석처럼 붙어 다닙니다.
 <u>(단, 부사가 동사를 꾸밀 때만 예외)</u>

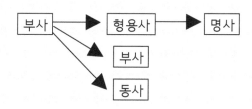

---

6. 부사구

(I)	(J)
달리다	빨리 달리다
달리다	천천히 달리다
달리다	아침에 달리다
달리다	공원에서 달리다
달리다	운동하기 위해서 달리다

(I)의 '달리다'는 뛰는 모습만 상상되지만, (J)의 '달리다'는 각각
어떻게(빠르게, 천천히) 달리고
언제(아침에) 달리고
어디서(공원에서) 달리고
왜(운동하기 위해서) 달리는지를 구분할 수 있어서 '달리다'의 모양과 분위기를
다르게 느낄 수 있습니다.

사람이나 사물의 움직임(동작)을 나타내는 '동사'에 해당하는 '달리다'를 꾸미는
것은 '육하원칙'의 '어떻게(빠르게, 천천히..)'에 해당하는 단어만 있는 것이 아
닙니다. '육하원칙'의 '언제, 어디서, 왜'에 해당하는 말들도 '동사'를 꾸미고 있
습니다.

'아침에 달리다'

'달리다'를 나타내는 수많은 '뛰는 동작'중에서 '아침에 달리다'로 **제한**함으로써
'뛰는 동작'들의 수가 **한정**되어, 수많은 '뛰는 동작'을 구분할 수 있습니다. 수
많은 '뛰는 동작'들 가운데서 '새벽에 달리다'가 아니라 '아침에 달리다'로 구분
할 수 있게 해 준 것은 바로 '아침에'라는 말이 '달리다'를 **꾸미기** 때문입니다.

그런데

'빨리 달리다'의 '**빨리**'와

'천천히 달리다'의 '**천천히**'는

'동사'를 꾸미기 위해서 **1단어**인 '**부사**'로 태어났지만,

'아침에 달리다'의 '**아침에**',

'공원에서 달리다'의 '**공원에서**',

'운동하기 위해서 달리다'의 '**운동하기 위해서**'는

다음처럼 여러 품사가 결합해서 동사를 꾸밉니다.

ⓐ 아침에 = 아침(명사)+에

ⓑ 공원에서 = 공원(명사)+에서

ⓒ 운동하기 위해서 = 운동하다(동사)+하기 위해서

ⓐ,ⓑ,ⓒ의 '**아침에**', '**공원에서**', '**운동하기 위해서**'는 '빨리'와 '천천히'처럼 '부사'로 태어난 것이 아니라, '부사의 역할'을 할 수 있게끔 여러 품사가 결합해서 만들어진 것입니다.

'나는 아침에 공원에서 운동하기 위해서 빨리 달리다'					
주어	언제	어디서	왜	어떻게	동사
나는	아침에	공원에서	운동하기 위해서	빨리	달리다
	아침에	→	→	→	달리다
		공원에서	→	→	달리다
			운동하기 위해서	→	달리다
				빨리→	달리다

'달리다'라는 **동사를 꾸미는** 단어들의 공통점은

① '빠른'처럼 '-ㄴ' 소리가 나는 단어들이 아닙니다. '빨리', '아침에', '공원에서', '운동하기 위해서'처럼 '육하원칙'의 '언제, 어디서, 어떻게, 왜'에 해당하는 단어들입니다.

② 1단어인 부사(빨리) 뿐만 아니라, 부사의 역할을 하는 '아침에', '공원에서', '운동하기 위해서'도, 모두 '동사(달리다)의 **앞에 자리해서** 동사(달리다)를 꾸밉니다.

영어로 돌아가서,

(K)	(L)	
I run 나는 달리다	I run **fast**	나는 달리다 / **빨리**
	I run **slowly**	나는 달리다 / **천천히**
	I run **in the morning**	나는 달리다 / **아침에**
	I run **in the park**	나는 달리다 / **공원에서**
	I run **to exercise**	나는 달리다/**운동하기 위해서**

'run (달리다)'라는 동사를 꾸미는 'fast (빨리)', 'slowly (천천히)'는
우리말 '육하원칙'의 '어떻**게**'에 해당하는 부사입니다.

어떻게: fast(빨리), slowly(천천히), kindly(친절하게),
    safely(안전하게) …
언제: now(지금), later(나중에), then(그때)
어디서: here(여기에), there(저기에), home(집에)

영어에서, 우리말 육하원칙의 '어떻게'에 해당하는 부사의 개수와 종류는 매우
많지만, '언제', '어디서', '왜'에 해당하는 부사의 개수는 몇 개 없습니다. 그래
서 영어에서도, **여러 품사들이 모여서 부사의 역할**을 할 수 있게끔 만들어 낸
것이 있습니다. 그것은 바로 '**부사구**'입니다.
부사가 1단어인 반면,
부사구는 여러 품사들의 조합으로 이루어진 것입니다.

나중에 '**명사 모양 바꾸기**'와 '**동사 모양 바꾸기**' 그리고 '**절(clause)의 모양 바
꾸기**'에서 배우게 됩니다.

예) '여러 품사의 조합'

명사 모양 바꾸기	아침에	in + the morning
	공원에서	in + the park
동사 모양 바꾸기	운동하기 위해서	to + exercise

부사와 부사구를 구분하려고 너무 스트레스 받지 마세요. 부사구도 부사와 같
은 역할을 합니다.

단지, 부사구는 1단어가 아니라 여러 품사의 조합으로 이루어져 있다고 생각하면 됩니다.

마찬가지로, 1단어인 형용사도 있는 반면, 여러 품사들의 조합으로 이루어진 형용사구도 있답니다.

또한 1단어인 명사도 있는 반면, 여러 품사들의 조합으로 이루어진 명사구도 있답니다.

PART

II

명사모양 바꾸기

UNIT 8. 'I am 과 I am.' 의 차이점은?

'마침표(.)'가 없고　　　　　　　　있다는 것입니다.

I am　　　　　　　　　　　　I am.

| She **is** a singer | 그녀는 가수**이다** |

'am, are, is...'는, 우리말 '이다'에 해당하면서, 특별한 의미 없이 단지 '-다' 소리가 나는 동사의 집합으로서 'be동사'라고 했습니다.　앞 단원 '착하다와 착한 (kind)'에서 설명했는데, 기억나세요?

다음 예문은 유명한 말입니다. 'I think, therefore I **am.**'
무슨 뜻일까요?

I think	나는 생각한다
therefore	그러므로
I **am.**	나는 *이다.*

'I am.'에서 be동사(am) 다음에 보충단어(보어)도 없이 마침표(.)를 찍었으니, 마침표(.)는 의미전달이 된다는 정보를 제공합니다. 따라서 '나는 -이다.'로 말할 수가 없습니다. '-이다'는 보어의 도움 없이는 의미전달이 되지 않기 때문입니다.

1. I am. (내가 있다)

I think	나는 생각한다
therefore	그러므로
I **am.**	나는 **존재한다**.

'I think, therefore I **am.**'에서 밑줄 친 be동사 'am'은 '있다(존재하다)'라는 뜻입니다. 특별한 의미 없이 단지 '-이다' 소리가 나기만 하던 그 'be동사'가 아니라, **보충단어(보어)**의 도움 없이도 '의미 (**존재하다**)'를 전달하는 'be동사'입니다.

> 그래서 'be동사'의 역할은 2가지라는 것을 알게 됩니다.
> ❶ 존재하다(있다) : 뜻이 있고,
> ❷ -이다   : 뜻 없이 단지 '-다'소리가 날 뿐입니다.

눈을 감고 들어 보세요. 어떤 화면이 보입니까?

ⓐ 그 소녀가 *이다*	ⓑ 그 소녀가 **있다**.
The girl *is*	The girl **is.**

ⓐ에서 '소녀가 어떤 상태인지 또 누구인지'에 관한 화면이 보이지 않지만, ⓑ의 경우 마침표(.)가 있어, '소녀가 있어요! 소녀가 보여요!'하고 소녀의 존재를 말할 수 있으니 화면이 보이는 것입니다.

즉 ⓑ에서 be동사(is)는 보어의 도움 없이도 '존재하다'는 의미전달이 되므로 마침표(.)를 찍을 수 있습니다. 또한 'I run (나는 달리다)'처럼 주어(I)와 동사(run)만으로써 화면이 보이고 의미전달이 되므로 ⓑ의 be동사(is 있다)는 보어도 목적어도 필요 없는 동사입니다.

2. be동사(is)를 구분해 보세요.

ⓐ	The girl is there	소녀가 있다 저기에
ⓑ	The girl is kind	소녀가 이다 착한
ⓒ	The girl is a singer	소녀가 이다 가수

ⓑ에서 'kind (착한)'의 등장으로써 주어(girl 소녀)의 성질이 **착하다**는 것을 알수 있으므로 is는 '이다' 소리가 나는 동사이고,
ⓒ에서 '주어 (girl 소녀)=보어 (singer 가수)'이므로 is도 '이다' 소리가 나는동사입니다. (UNIT 5 '그녀는 학교이다?' 참조)

그런데 ⓐ의 'there 저기(에)'는 ⓑ의 'kind 착한'처럼 주어(girl 소녀)의 성질이나 상태를 나타내는 것이 아닙니다.
또한 ⓐ의 'there 저기(에)'는 ⓒ의 'singer (가수)'처럼 주어(girl 소녀)의 이름이나 신분을 나타내지 않습니다. 'girl(소녀) ≠ there (저기)'이므로 '소녀는 *저기*이다'라고 말할 수도 없습니다.

ⓐ예문의 be동사(is)는 '-이다' 소리가 나지 않습니다. '존재하다(있다)' 소리가납니다. '존재하다(있다)'의 의미를 가진 동사로서 보어의 도움 없이도 충분히주어에 관한 화면을 보여주고 있습니다.

ⓐ **The girl is there**

The girl ˅is	소녀는

'is (이다)'일까?   'is (있다)'일까?

The girl ˅is /there	소녀는 ˅**있다** /저기에

뒤따르는 'there (저기에)'의 등장으로,
'is there   이다 거기에' 는 이상하고
'˅is /there   ˅있다 /거기에' 는 말이 되는 것을 느낍니다.
'**어디에 있는지**'를 물으면 '**저기에 있다**'고 말할 수 있으니,
'is'는 '존재하다'를 나타내는 '**is (있다)**'입니다.

'책이 있다.'

어떤 화면이 보이나요?

A book is.

책이 놓여 있는 화면이 보입니다. 'A book is. (책이 있다.)'의 be동사(is 있다)는 화면을 보여주는 동사입니다.

 '책은 -이다'

어떤 화면이 보이나요?

화면이 보이지 않습니다. 'A book <u>is</u> (책이 -이다)'의 be동사(is -이다)는 화면을 보여주지 않는 동사입니다.

어떤 사람이 'A book is'하고 be동사(is)로 말을 끝내면, 상대방은 **보충단어를 이끄는** 'is (-이다)'라고 생각해, '그 다음 말이 뭐가 나올까'하고 계속 기다리는 우스꽝스런 장면이 연출될 수도 있습니다. 다음처럼.

어떤 사람: A book is

.

.

.

.

상대방　　: A book is 뭐. 말을 해야지. 말을 하세요.

3. there was

그래서 be동사 앞에 'there'을 붙여 'there <u>is</u>'라고 말함으로써 밑줄 친 be동사가 '있다(존재하다)'의 의미임을 알려줍니다.

A book is　　　　　　　.
'책은 있다'일까?　'책은 -이다'일까?
알 수 없습니다.
There is a book.
'책은 있다'일까?　'책은 -이다'일까?
'책이 있다.'입니다.

☞ 동화책에서 **어떤 이야기를 시작할 때** 다음과 같이 **'there was'**가 자주 나옵니다.
　'Once upon a time, **there was** ^a boy.'
　옛날 옛적에　　　, **있었다** ^어떤 소년이

'there is -', 'there are -'의 be동사(is, are)는 '있다 (존재하다)'라는 뜻입니다. be동사의 **왼쪽**에 위치시킨 'there'이 be동사의 의미가 '있다 (존재하다)'라고 정보를 줍니다.

 왼쪽에 위치시킵니다.

다음 단원 '명사 모양 바꾸기'에서 다시 설명하겠습니다.

UNIT 9. 명사 모양 바꾸기

아빠: 성우는 학생이다
아들: 성우는 ˅이다 ^학생

아빠: *성우*는 *학교*이다
아들: 아빠. 말이 안 되는데.
　　　성우는 사람인데, 어떻게 학교가 될 수 있어요?

아빠: 딩동댕.

형용사는 '사람이나 사물의 **성질이나 상태를 나타내는** 품사'이고, **명사**는 '사람
이나 사물의 **신분이나 이름을 나타내는** 품사'라고 했었습니다.
기억나세요? (UNIT 3 '착하다와 착한' 참조)

1. 형용사구(보어)로 바꾸기
　: 그녀는 학교 안에 있는 상태이다 & 그녀는 학교이다

다음 예문을 읽고 틀린 표현을 찾아보세요.

ⓐ The boy ˅is \smart	그 소년은 ˅이다 \영리한
ⓑ The boy ˅is ^a singer	그 소년은 ˅이다 ^가수

ⓒ The boy is *a school*	그 소년은 *학교*이다 (x)
ⓓ The boy is *a dictionary*	그 소년은 *사전*이다 (x)

(˅ 동사　　\ 형용사　　^ 명사)

ⓐ는 is(-이다)의 보어 자리에 위치한 'smart 영리한'을 통해서, 주어(boy 소

년)의 성질이 영리하다는 것을 알 수 있으므로 'smart'가 'ㄴ' 소리가 나는 **형용사로서 보어의 역할**을 한 것이고,

ⓑ는 is(-이다)의 보어 자리에 위치한 'singer 가수'를 통해서, 주어(boy 소년)의 신분을 나타내는 이름이 '가수'라는 것을 알 수 있으므로 'singer'가 **명사로서 보어의 역할**을 한 것입니다.

그런데,
ⓒ의 경우 'is(이다)'의 보어 자리에 위치한 'school 학교'가 주어(boy 소년)의 신분을 나타내는 이름이 될 수 없기 때문에, 'school 학교'이라는 명사가 보충단어의 역할을 제대로 못 한 것입니다.
boy 소년 ≠ school 학교
어디서 읽은 것 같은데... 어디서 읽었지?
빙고. 'UNIT 5 그녀는 학교이다?'에서 읽었습니다.

ⓓ의 경우도 'is(이다)'의 보어 자리에 위치한 'dictionary 사전'이 주어(boy 소년)의 신분을 나타내는 이름이 될 수 없기 때문에, 'dictionary 사전'라는 명사가 보어의 역할을 제대로 못 한 것입니다.
boy 소년 ≠ dictionary 사전

그렇지만 ⓒ와 ⓓ의 각각의 명사(school, dictionary) **왼쪽에** 다음처럼 단어 하나씩만 추가하면 의미전달이 가능해집니다.

ⓒ The boy is _a school_	그 소년은 _학교_ 이다	(x)
Ⓐ The boy is **in a school**	그 소년은 **학교 안에 있다**	(o)

ⓓ The boy is _a dictionary_	그 소년은 _사전_ 이다	(x)
Ⓑ The boy is **like the dictionary**	그 소년은 **사전과 같다**	(o)

학교		school
학교 안에 있는	in	school
학교 안에	in	school
학교 뒤에 있는	behind	school
학교 뒤에	behind	school
학교 를 위한	for	school
학교 를 위해서	for	school
사전		dictionary
사전 같은	like	dictionary
사전 같이	like	dictionary
사전 위에 있는	on	dictionary
사전 위에	on	dictionary
사전 옆에 있는	near	dictionary
사전 옆에	near	dictionary

⒜The boy is in a school	소년은 학교 안에 있는 상태이다 소년은 학교 안에 있다.

'in(-안에 있는/ -안에)'는 명사와 짝을 이루어 '무엇 **안에 있는**' 또는 '무엇 **안에**'라는 뜻으로 쓰입니다.

우리말의 경우 '학교 **안에 있는**'과 같이 명사(학교) **오른쪽에** 위치해서 짝을 이루지만 영어의 경우 '**in** a school'처럼 **명사(school) 왼쪽에 위치해서** 짝을 이루는 것이 차이점입니다.

우리말 : 학교 + 안에 있는	
영어 : **안에 있는** + **학교**	
in a school	

The boy ˅is	is(이다)는 보어를 이끄는 동사
The boy ˅is \in a school	소년이 ˅이다 \학교 안에 있는

(※ ˅ : 동사, \ : 형용사(구))

'in + a school (**안에 있는+학교**)'을 보는 순간, 단순히 '학교 (school)'라는 뜻이 아닌 것을 압니다. 왜냐하면 'school (학교)'의 **왼쪽에 위치한** 'in (-안에 있는)' 때문입니다.

'in'이 **왼쪽에 위치해서** 명사(학교 school)의 모양을 바꿉니다.
'in a school'은 '학교 (school)'라는 명사가 아니라, '학교 안에 있는' 하고 '-ㄴ' 소리를 갖습니다.

주어(boy 소년)의 상태가 '학교 안에 있는 상태이다'는 것을 알 수 있습니다.

그래서 'in a school (학교 안에 있는)'은 1단어인 형용사가 아닙니다. 여러 단어(품사)가 모여서 형용사의 역할을 하는 **형용사구**입니다. 앞 단원 '꾸미기'에서 얘기했는데 기억나세요?

Ⓑ The boy is like the dictionary | 그 소년은 사전과 같다

'like(-과 같은/ -과 같이)'는 명사와 짝을 이루어 '무엇**과 같은**' 또는 '무엇**과 같이**'라는 뜻으로 쓰입니다.

우리말의 경우 '사전 **같은**'처럼 명사(사전) **오른쪽에 위치해서** 짝을 이루지만 영어의 경우 '**like** the dictionary'처럼 **명사(dictionary) 왼쪽에 위치해서** 짝을 이루는 것이 차이점입니다.

우리말 : 사전 + 같은
영어 : **같은 + 사전**
like   the dictionary

| The boy ˅is | is(이다)는 보어를 이끄는 동사 |
| The boy ˅is \like the dictionary | 소년은 ˅이다 \사전과 같은 |

(※ ˅ : 동사, \ : 형용사(구))

'like + the dictionary '을 보는 순간, 단순히 '사전 (dictionary)'라는 뜻이 아닌 것을 압니다. 왜냐하면 'dictionary (사전)'의 **왼쪽에 위치해 있는** 'like (-과 같은)' 때문입니다.

'like'가 **왼쪽에 위치해** 명사(사전 dictionary)의 모양을 바꿉니다.
'like + the dictionary (-과 같은+사전)'는 '사전 (dictionary)'라는 명사가 아니라, '사전과 같은' 하고 '-ㄴ' 소리를 갖습니다.

주어(boy 소년)의 성질이 '사전처럼 영리하다'는 것을 알 수 있습니다.

그래서 'like the dictionary (사전과 같은)'은 1단어인 형용사가 아니라, 여러 단어(품사)가 모여서 형용사의 성질을 갖추어 보어의 역할을 합니다. 바로 **형용사구**입니다.

'like'는 2가지 의미가 있습니다. 하나는 '좋아하다 (like)'는 동사이고, 또 하나는 명사의 **왼쪽**에 위치해서 명사의 모양을 바꿔주는 '-과 같은, -과 같이 (like)'입니다. 어떻게 구분할까요? 걱정할 필요 없습니다. 동사가 대장이기 때문에 동사가 알아서 척척 정해줍니다.

| ⓑThe boy ˅is \like the dictionary | 소년은 ˅이다 \사전과 같은 |

영어 순서는 주어˅동사이고, ⓑ에서 'is (-이다)'는 보어를 이끄는 동사입니다. 'is (-이다)'의 보어 자리에 '-다' 소리가 나는 'like (좋아하다)'가 위치할 수 없습니다. 'is (-이다)'의 보어 자리에 '-ㄴ' 소리가 나는 'like (-과 같은)'가 위치합니다.

다음을 해석해 보세요.

| ⓒ The boy likes the dictionary | 소년은 사전을 좋아하다 |

| The boy ˅likes | like(좋아하다)는 목적어를 이끄는 동사 |

영어 순서는 주어˅동사이고, ⓒ에서 주어(boy 소년) 다음에 등장한 'like'가 동사입니다. 그래서 'like (좋아하다)'는 '-다' 소리가 납니다.

| The boy ˅likes ^the dictionary | 소년은 ˅좋아하다 ^사전을 |

'like (좋아하다)'는 목적어(the dictionary)를 이끄는 동사입니다.

동사는 대장이 맞습니다.

2. 부사구로 바꾸기 : 아침 & 아침에

아빠: 성우는 학교에 버스로 가다
아들: 성우는 ˇ가다 / 학교에 / 버스로

아빠: 성우는 *학교 버스* 가다
아들: ??? 아빠, 무슨 말인지 모르겠는데...

아빠: 오케이.

'학교버스를 **타고** 가다'는 뜻인지, '학교버스 **쪽으로** 가다'는 뜻인지, '학교에 버스로 가다'는 뜻인지 알 수 없습니다.

스쿨버스를 타고 가다

스쿨버스 쪽으로 가다

학교에 버스를 타고 가다

육하원칙의 '언제', '어디서', '어떻게', '왜'는

언제 했는지,

어디서 했는지,

왜 했는지,

어떻게 했는지,

모두 동사를 꾸미는 부사입니다. (앞 단원 '꾸미기' 참조)

다음 예문을 읽고 틀린 표현을 찾아보세요.

| ⓐ The girl ᵛgoes / fast | 소녀가 ᵛ가다 / 빨리 |
| ⓑ The girl ᵛgoes / slowly | 소녀가 ᵛ가다 / 천천히 |

| ⓒ The girl goes *the morning* | 소녀가 *아침* 가다 (x) |
| ⓓ The girl goes *bus* | 소녀가 *버스* 가다 (x) |

ⓐ에서 '소녀가 **어떻게 가는지**'를 물으면 '**빨리 가다**'하고 말할 수 있으니, 'fast (빨리)'가 동사 'go (가다)'를 꾸미는 부사의 역할을 합니다.

ⓑ에서도 '소녀가 **어떻게 가는지**'를 물으면 '**천천히 가다**'하고 말할 수 있으니, 'slowly (천천히)'가 동사 'go (가다)'를 꾸미는 부사의 역할을 합니다.

그런데,
ⓒ에서 '소녀가 **언제 가는지**'를 물으면
아침에 가는지, 아침이 지나서 가는지, 아침이 되기 전에 가는지를 알 수 없어서, 'morning (아침)'은 명사일 뿐이지 동사(go 가다)를 꾸미는 부사의 역할을 하지 못 합니다.

ⓓ에서 '소녀가 **어디로 또는 어떻게 가는지**'를 물으면
버스 안으로 가는지, 버스 옆으로 가는지, 버스를 타고 가는지를 알 수 없으므로, 'bus (버스)'는 명사일 뿐이지 동사(go 가다)를 꾸미는 부사의 역할을 하지 못 한답니다.

그렇지만 ⓒ와 ⓓ의 각 명사(morning, bus) **왼쪽에** 다음처럼 단어 하나씩만 추가하면 의미전달이 가능해집니다.

The girl goes *the morning*	소녀가 *아침* 가다 (x)
The girl ˇgoes / **in the *morning***	소녀가 ˇ가다 / **아침에**(o)

The girl goes *bus*	소녀가 *버스* 가다 (x)
The girl ˇgoes / to **bus**	소녀가 ˇ가다 / **버스로**(o)

The girl goes *bus*	소녀가 *버스* 가다 (x)
The girl ˇgoes / **by bus**	소녀가 ˇ가다 / **버스를 타고**(o)

ˇ가다 /버스를 타고

ˇgo /by bus

ˇ가다 /버스로

ˇgo /to bus

Ⓐ The girl goes **in the *morning***	소녀가 **아침에** 가다

'in(-안에 있는/ -안에)'은 명사와 짝을 이루어 '무엇 **안에 있는**' 또는 '무엇 **안에**'라는 뜻으로 쓰입니다.

'in(-안에 있는/ -안에)'가 명사 'morning (아침)'과 짝을 이루어 '아침 안에 있는, 아침 안에'로 의미전달이 됩니다. 해가 뜬 후부터 해가 머리 위에 솟은 정오까지라는 시간 범주의 '-안'을 말합니다.

우리말의 경우 '아침 **안에**'처럼 명사(아침) **오른쪽**에 위치해서 짝을 이루지만, 영어의 경우 '**in** the morning'처럼 **명사(morning) 왼쪽**에 위치해서 짝을 이루는 것이 차이점입니다.

```
우리말 : 아침  +  에
영어   :          에 +  아침
                 in   the morning
```

The girl ˅goes	go(가다)는 부사와 친구
The girl ˅goes / in the *morning*	소녀는 ˅가다 / 아침에

(※ ˅ : 동사, / : 부사(구))

'in + the morning (-**안에**+**아침**)'을 보는 순간, 단순히 '아침 (morning)'이라는 명사가 아닌 것을 아닙니다. 왜냐하면 'morning (아침)'의 왼쪽에 위치해 있는 'in (-안에)' 때문입니다.

'in'이 **왼쪽에 위치해서** 명사(아침 morning)의 모양을 바꿉니다.
명사의 모양을 바꿨는데, '아침 안에 있는' 하고 '-ㄴ' 소리를 갖지도 못 합니다. 왜냐하면 동사 'go (가다)'는 보어를 필요로 않기 때문입니다.

go(가다)는 '가고 있는 화면'을 보여줍니다.

언제 갑니까? 아침에 갑니다.
'in the morning'은 '아침에'라는 소리가 납니다. '**언제**'에 해당하는 부사(**아침에)**가 바로, 동사 'go (가다)'와 친하기 때문입니다.
주어(girl 소녀)가 '**아침에 가다**'는 것을 알 수 있습니다.

'in the morning (아침에)'은 1단어인 부사가 아니라, 여러 단어가 모여서 부사의 역할을 하는 **부사구**입니다.

⑧ The girl goes **by bus**	소녀가 **버스로** 가다

'by(-옆에 있는, -로써)'는 명사와 짝을 이루어 '무엇 **옆에 있는**, 무엇**으로써**'라는 뜻으로 쓰입니다. 여기서는 'by(-로써, -로)'가 'bus 버스'와 짝을 이루어,

교통수단을 이용한다는 의미의 '버스를 타고, 버스로써, 버스로'라고 의미전달이 됩니다.

우리말의 경우 '버스로'와 같이 명사(버스) **오른쪽에** 위치해서 짝을 이루지만, 영어의 경우 '**by** bus'처럼 **명사(bus) 왼쪽에 위치해서** 짝을 이루는 것이 차이점입니다.

우리말 : 버스 + 로
영어 : **로** + **버스**
by bus

The girl ⌄goes	go(가다)는 부사와 친구
The girl ⌄goes / **by bus**	소녀는 ⌄가다 / **버스로**

'by + bus (-**로써**+**버스**)'를 보는 순간, 단순히 '버스 (bus)'라는 명사가 아닌 것을 압니다. 왜냐하면 '버스 (bus)'의 왼쪽에 위치해 있는 'by (-로써)' 때문입니다.

'by'가 **왼쪽에 위치해서** 명사(버스 bus)의 모양을 바꿉니다.
왜 바꿀까요? go(가다)를 꾸미기 위해서입니다.

go(가다)는 '가고 있는 화면'을 보여줍니다.

어떻게 갑니까? 버스로 갑니다.
'by bus'는 '버스로'하고 소리가 납니다. '**어떻게**'에 해당하는 부사(**버스로**)가 바로, 동사 'go (가다)'와 친하기 때문입니다.
주어(girl 소녀)가 '**버스로 가다**'는 것을 알 수 있습니다.

'by bus (버스로)'는 1단어인 부사가 아니라, 여러 단어(품사)가 모여서 부사의 역할을 하는 **부사구**입니다.

형용사구와 부사구의 '구'는 둘 이상의 단어(품사)가 모여 새로운 역할을 하는 것입니다.

3. 모양 바꾸기는 왼쪽에서

우리말은 '-다' 소리가 나는 단어가 글의 뒤쪽(**오른쪽**)에 있어서 **오른쪽으로 갈 수록** 의미전달이 명확해 집니다. 그래서 단어들이 오른쪽을 쳐다보고 있기에 명사의 모양을 **오른쪽에서** 바꿉니다.

앞쪽 -- **뒤쪽**
('-다' 소리)

소녀가 학교   버스   ˅<u>가다</u>
소녀가 학교+**에**   버스+**로**   ˅<u>가다</u>

  ------> 오른쪽 -----> 오른쪽

학교<u>에</u> 가다
버스<u>로</u> 가다

그런데, **영어는** '-다' 소리가 나는 동사가 글의 앞쪽(**왼쪽**)에 등장하기 때문에 단어들이 **왼쪽을 쳐다보면서** 의미를 전달해 나갑니다. 그래서 명사의 모양을 **왼쪽에서** 바꿉니다.

```
        앞쪽 -------------------------------------- 뒤쪽
        (동사)
소녀가      ˅가다                  에+학교      로+버스
The girl   ˅goes                     school      bus
The girl   ˅goes                 to+school  by+bus


                      왼쪽  <---- 왼쪽  <---------
```

go <u>to</u> school

go <u>by</u> bus

go   school *to*   (x)

go   bus   *by*   (x)

동사는 대장이고, 대장이 앞쪽(**왼쪽**)에 있으니, 대장을 향해서 따라갈 수밖에 없답니다.

정리하겠습니다.

✓ 'in(-안에 있는/ -안에)' 'like(-과 같은)' 'by(-로써)'와 같이 **명사 왼쪽에 위치해서** 명사의 모양을 바꿔주는 것을 'preposition (전치사)'라고 합니다.

 영어는 '-다' 소리가 나는 동사가 글의 앞쪽(왼쪽)에 등장하기 때문에 단어들이 왼쪽을 쳐다보면서 의미를 전달해 나갑니다. 앞 단원에서, 단어의 왼쪽에 위치해서 정보를 주는 것이 있었습니다. 무엇이었죠?

① 왼쪽에 위치한 'a' 'an' 'the'는 곧 명사가 등장한다는 정보를 주는 정보원이라고 했습니다. ('UNIT 7 꾸미기'에서)

<u>the</u> pretty house   예쁜 **집**
<u>a</u> tiny girl   깜찍한 **소녀**
<u>an</u> apple   사과

② 왼쪽에 위치한 'there'은 be동사의 의미가 '있다 (존재하다)'라는 정보를 주는 정보원이라고 했습니다. (UNIT 8-3 'there was'에서)

<u>there</u> was ^a boy   ˅있었다 ^소년

✓ 전치사와 명사가 모여서 **형용사의 역할(\)을 하는 형용사구**가 되기도 하고, **부사의 역할(/)을 하는 부사구**가 되기도 합니다.

헷갈릴 필요 없어요, 동사가 알아서 해결해 주니까.

| The boy is in a school | (a)소년은 학교 안에 있는 상태이다 |
| | (b)소년은 학교 안에 있다. |

'The boy is in a school'의 'is'는 'is (-이다)'의 의미도 있고 'is (있다)'의

의미도 있습니다.

앞 단원 '형용사구(보어)로 바꾸기'에서, 'in a school'은 '학교 (school)'라는 명사가 아니라 '학교 안에 있는' 하고 '-ㄴ' 소리를 갖는다고 했습니다. 동사 'is (-이다)'가 보어를 이끄는 동사이기 때문입니다.

아들: 'The boy is'를 '소년이 있다'라고 하면 '
　　　소년이 존재하는 화면'이 보이는데,
　　　is를 '-이다'가 아닌, '있다 (존재하다)'라고 해도 되나요?
아빠: 오케이.
　　　'소년이 있다'라고 해도 됩니다.
　　　소년이 있기는 있는데 어디에 있어요?
아들: **학교 안에** 있습니다.
아빠: 육하원칙의 '어디에 (**학교 안에**)'에 해당됩니다.
　　　'학교 안에' 하고 '-ㄴ' 소리가 나지 않습니다.

이때 'in a school (학교 안에)'는 1단어인 부사가 아닙니다.
여러 단어(품사)가 모여서 부사의 역할을 하는 **부사구**입니다.

아빠: 'diaper'는 '기저귀'입니다.
　　　'The baby is in a diaper'의 뜻은 무엇일까요?
아들: 아기는 ˅이다 \기저귀를 찬 상태인
아빠: 빙고. '-ㄴ' 소리가 납니다.
　　　'아기는 *있다 기저귀 안에* 라고 할 수 있을까요?
아들: NO, 자기보다 작은 기저귀 안에 들어갈 수 없습니다.

'The baby is in a diaper'의 'in a diaper'는 '기저귀를 찬 상태인' 하고 '-ㄴ' 소리가 날 뿐입니다. 그런데 'The boy is in a school'의 'in a school'은 '-ㄴ' 소리가 나는 형용사구가 되기도 하고, '-ㄴ' 소리가 나지 않는 부사

구가 되기도 합니다.

헷갈릴 필요 없어요, **동사가 알아서 해결해 주니까.**

The boy is **in a school**

소년은 이다 \학교 안에 있는

소년은 있다 / **학교 안에**

\ : 형용사구   / : 부사구

The boy is **like the dictionary**

소년은 이다 **사전과 같은**

The baby is **in a diaper**

아기는 이다 **기저귀 안에 있는 (기저귀를 차고 있는)**

The girl goes **in the morning**

소녀가 가다 / **아침에**

The girl goes **by bus**

소녀가 가다 / **버스로**

✓ 'preposition (**전치사**)'는 'pre 앞 (**전**) + 'position 위치 (**치**)'로서 말 그대로 '앞에 위치해 있는' 품사라는 뜻입니다.

전치사는 누구 앞에 위치해 있을까요?

명사 앞에 위치해 있습니다. 즉, **명사의 왼쪽에** 위치해 있습니다.

왜 명사와 짝을 이룹니까?

명사의 모양을 바꾸기 위해서입니다.

명사의 모양을 무엇으로 바꿉니까?

형용사구 또는 부사구로 바꿉니다.

---

4. 형용사구(꾸미기)로 바꾸기 : 가방 책 & 가방 안에 있는 책

아빠: <u>흥미진진한</u> 책
아들: <u>흥미진진한</u> 책

아빠: **가방 안에 있는** 책
아들: 책 **가방 안에 있는**

아빠: 딩동댕. 어떻게 알았어요?
아들: '흥미진진한'은 1단어이고, '가방 안의'는 2품사입니다.
아빠: 빙고.

다음 예를 듣고 이상한 점을 생각해 보세요.

ⓐ	a famous book	유명한 책
	an interesting book	흥미진진한 책
ⓑ	mathematics book	수학책
	science book	과학책

ⓒ	*bag* book	*가방책*
	chair book	*의자책*
ⓓ	the book **in the bag**	**가방 안의 책** (가방 안에 있는 책)
	the book **on the chair**	**의자 위의 책**
	the book **about the chair**	**의자에 관한 책에**

ⓐ에서 'famous (유명한)'과 'interesting (흥미진진한)'은 '어떤 책'의 '어떤'에 해당하는 형용사로서 명사(책)를 꾸미기 위해 '-ㄴ' 소리를 가지고 태어난 단어입니다. 그래서 명사(book 책)의 앞에 위치해서 책의 **성질**이 유명하고 흥미진진하다는 것을 나타냅니다.(UNIT 7-5 꾸미기원칙1)

ⓑ에서 수학(mathematics), 과학(science)은 '무슨 책'의 '무엇'에 해당하는 명사로서 책의 **종류**를 나열해 주고 있습니다.

ⓒ에서 *가방책, 의자책*은 무슨 말인지 도대체 알아들을 수 없습니다. '가방 bag'과 '의자 chair'는 명사이지만

ⓑ처럼 책의 종류를 나타내는 정보를 제공하는 것도 아니고,

또한 '가방 (bag)'과 '의자 (chair)'는 '-ㄴ' 소리가 나는 형용사가 아니므로 ⓐ 처럼 명사(책)를 꾸미는 역할도 할 수 없으니 알아들을 수 없습니다.

그러나 앞 페이지의

'**in** a school (학교 **안에 있는**)',

'**like** the dictionary (사전**과 같은**)',

'**in** the morning (아침**에**)',

'**by** bus (버스**로**)'처럼

왼쪽에 위치하는 **전치사**를 이용하면 명사의 모양을 바꾸어, 의미전달이 가능해 집니다.

ⓓ에서

명사인 'bag (가방)', 'chair (의자)'가 각각 전치사 'in (-안에 있는)'과 'on (- 위에 있는)'을 만나서 '-ㄴ' 소리가 나는 형용사의 성질을 가집니다.

'**in** the bag (가방 **안에 있는**)'과 '**on** the chair (의자 **위에 있는**)'은 '-ㄴ' 소리가 나서, '**가방 안에 있는** 책', '**의자 위에 있는** 책'하고 책(book)을 꾸밉니다. 'book (책)'의 **상태가 어떠한지**를 알려주는 **형용사구**가 된 것입니다.

책은 책인데 어떤 책?

가방 안에 있는 책

 : the book**in the bag** (책**가방 안에 있는**)

의자 위에 있는 책

 : the book**on the chair** (책**의자 위에 있는**)

ⓓ에서

명사인 'chair (의자)'가 전치사 'about (-에 관한)'을 만나서 '-ㄴ' 소리가 나는 형용사의 성질을 가집니다.

'about the chair (의자에 관한)'도 '-ㄴ' 소리가 나서, '의자에 관한 책'하고 책(book)을 꾸밉니다. 'book (책)'의 **성질이 어떠한지**를 알려주는 **형용사구입** 니다.

책은 책인데 어떤 책?

의자에 관한 책

　: the book\about the chair (책\의자에 관한)

✓ 여기서 우리말과 다른 점을 2가지 발견할 수 있습니다.

✓ 첫째, 앞에서 본 것처럼, 명사의 모양을 바꾸는 **전치사** (in, on, about)는
　명사(가방 bag, 의자 chair)의 **왼쪽에** 위치해서 짝을 이룹니다.

우리말(오른쪽)	(왼쪽)영어
가방 ＋ 안에 있는	안에 있는(in) ＋ 가방(bag)
의자 ＋ 위에 있는	위에 있는(on) ＋ 의자(chair)
의자 ＋ 에 관한	에 관한(about) ＋ 의자(chair)

✓ 둘째, 전치사와 명사의 결합으로 형용사구 또는 부사구가 되면 우리말과 달
　리 **뒤에 위치해서 앞쪽으로** 꾸밉니다.

우리말 : 가방 안에 있는 → 책

영어　 :　　　　　　　책 ← 가방 안에 있는

　　　　　　　the book\in the bag

우리말 : 의자 위에 있는 → 책

영어　 :　　　　　　　책 ← 의자 위에 있는

　　　　　　　the book\on the chair

우리말 : 의자에 관한　 → 책

영어　 :　　　　　　　책 ← 의자에 관한

　　　　　　　the book\about the chair

PART II 명사모양 바꾸기

모양을 바꾸는 것은 **왼쪽에서**,
꾸미는 것은 **뒤에서 앞으로 꾸민다**는 규칙입니다.
왜냐하면, '-ㄴ' 소리를 가지고 태어나지 않았기 때문입니다.

헷갈리죠?

간단해요.

'-ㄴ' 소리를 가지고 태어난 형용사는 '꾸미기원칙1'을 따릅니다.
즉, 'the **pretty** house (**예쁜** 집)'의 'pretty (예쁜)'처럼, 또는 'an **interesting** book (**흥미진진한** 책)'의 'interesting (흥미진진한)'처럼 '-ㄴ' 소리를 가지고 태어난 형용사는 앞에 위치해서 꾸밉니다.

그런데, '-ㄴ' 소리가 나지 않는 명사의 모양을 '-ㄴ' 소리가 나게끔 바꾸면, '꾸미기원칙1'을 따르지 않고, 뒤에 위치해서 꾸민다는 얘기입니다.

the book **\about the chair** (책 **\의자에 관한**)
　　　　　　　　the chair　　　　　의자
　　　　　　about the chair　　　　의자에 관한

전치사가 명사의 왼쪽에 위치해서 '전치사+명사'가 되면 '-ㄴ' 소리가 나는 형용사구가 되고, 형용사구는 '꾸미기원칙1'을 따르지 않고, 뒤에 위치해서 꾸민다는 규칙입니다.

5. 꾸미기원칙2

다음 예문을 해석해 보세요.

ⓐ The boy is a　　　　　kind student
ⓑ The boy is a student in the school

ⓐ The boy is a kind student

The boy ˇis	소년은 ˇ이다

'is (이다)'는 보어를 이끄는 동사입니다.

The boy ˇis ^a　　student	소년은 ˇ이다 ^　　학생

동사 'is (이다)'의 보어는 'kind (착한)'이 아니라 student (학생)'입니다. 'a'가 바로 명사(student 학생)가 등장한다는 정보를 주는 정보원이라고 했습니다. (UNIT 7 꾸미기 참조)

The boy ˇis ^a kind student
소년은 ˇ이다 ^착한 학생

학생은 학생인데 **어떤 학생**입니까? '**착한 학생 (a kind student)**입니다. 이때 'kind (착한)'은 '-ㄴ' 소리를 가지고 태어난 형용사이므로 **앞에 위치해서 꾸밉니다. (꾸미기원칙1)**

동사는 대장입니다. 'is (이다)'는 보어를 이끄는 동사이고, 뒤따르는 'a'가 정보원 역할을 하여, 보어에 해당하는 명사(학생 **a student**)를 먼저 발견하라고 지시합니다.

ⓑ The boy is a student in the school

The boy ˅is	소년은 ˅이다

'is (이다)'는 보어를 이끄는 동사입니다.

The boy ˅is ^a student	소년은 ˅이다 ^학생

동사는 대장입니다. **'is (이다)'는** 바로 다음에 위치한 **'student (학생)'을 보어로** 임명했습니다.

'소년은 학생이다'라고 해야지,

'소년은 학교 안에 있는 상태이다'라고 할 수 없습니다.

'is (이다)'의 보어는 'in the school (학교 안에 있는)'이라는 형용사구가 아닙니다. 'a'가 바로 보어 자리에 명사(student 학생)가 등장한다는 정보를 주기 때문입니다.

앞 단원 '동사는 대장이다'에서 본 것처럼, 동사가 하는 첫 번째 일은 스스로 화면을 보여줌으로써 보어와 목적어를 결정해 주는 것입니다. 여기서는 동사 'is (이다)'가 보어를 결정해 줬고, 그것도 보어 자리에 명사(a student 학생)을 결정해 준 것입니다.

The boy is ^a student \in the school
소년은 ˅이다 ^학생 \학교 안에 있는

'학생'은 'student (학생)'인데, **어떤 학생**이냐고 하면 '^a student \in the school (^학생 \학교 안에 있는)'입니다. 모양을 바꾼 'in the school (학교 안에 있는)'은, 앞에 위치한 'student (학생)'을 꾸밉니다.

우리말	학교 안에 있는 학생
영어	학생 \학교 안에 있는
	a student \in the school

동사는 대장입니다. 동사 'is (이다)'는 보어 자리에 'student (학생)'을 지정했습니다. 'in the school (학교 안에 있는)'은 동사(is)와 보어(a student) **사이를 비집고 들어갈 수 없습니다.** 'in the school (학교 안에 있는)'은 '-ㄴ' 소리를 가지고 태어난 1단어 형용사가 아니기 때문입니다. 그래서 'in the school (학교 안에 있는)'은 꾸밈을 받는 말(student 학생) **뒤에 위치해서** 'student (학생)'을 **꾸밉니다.** (이것을 '**꾸미기원칙2**'라고 하겠습니다.)

다음 예문을 해석해 보세요.

ⓒ I read the interesting book
ⓓ I read the book in the bag

ⓒ I read the interesting book

I ˅read	나는 ˅읽다

read(읽다)는 목적어를 이끄는 동사입니다.

I read ^the book	나는 읽다 ^ 책을

목적어 자리에 위치하는 것은 명사이므로 '책(book)을' 하고 먼저 해석합니다.

I read ^the interesting book	나는 읽다 ^흥미진진한 책을

그 다음에, '형용사(interesting 흥미진진한)이 '책(book)'을 꾸미는구나.'하고 '흥미진진한 책을' 함께 위치시킵니다.
이때 'interesting (흥미진진한)'은 '-ㄴ' 소리를 가지고 태어난 형용사이므로 **앞에 위치해서 꾸밉니다.** (꾸미기원칙1)

동사는 대장입니다. read(읽다)는 목적어를 지정해주는 동사이므로, read(읽다)는 등장하면서, 목적어에 해당하는 명사(책 book)를 먼저 발견하라고 지시합니다.

ⓓ I read the book in the bag

I ˇread ^the book	나는 ˇ읽다 ^책을

read(읽다)는 목적어 (book 책)을 이끄는 동사입니다.

I read ^the book\in the bag
나는 읽다^책을\가방 안에 있는

'in the bag'의 'in'이 왼쪽에 위치해서 명사(bag 가방)의 모양을 바꿉니다. 'in the bag (가방 안에 있는)'이 바라보는 것은 'read (읽다)'가 아닙니다. 가방 안이 좁아서, 가방 안에서 <u>읽을 수는 없기 때문입니다.</u>

'in the bag (가방 안에 있는)'이 바라보는 것은, 즉 꾸미는 것은 'book (책)' 입니다. '책'은 'book (책)'인데, **어떤 책**이냐고 하면 '^a book \in the bag (^책 \가방 안에 있는)'입니다.

우리말	<u>가방 안에 있는 책</u>
영어	책 \<u>가방 안에 있는</u>
	a book \in the bag

동사는 대장입니다. 동사 'read (읽다)'는 목적어 자리에 'book (책)'을 지정했습니다. 그래서 'in the bag (가방 안에 있는)'이 그 사이를 비집고 들어가지 않습니다. 'in the bag (가방 안에 있는)'은 '-ㄴ' 소리를 가지고 태어난 1단어 형용사가 아니기 때문입니다.

'in the bag (가방 안에 있는)'은 꾸밈을 받는 말(book 책) **뒤에 위치해서** 'book (책)'을 **꾸밉니다. (꾸미기원칙2)**

'in the bag (가방 안에 있는)'은 'the book (책)'을 꾸미는 형용사구입니다.

형용사구(in +명사)또는 **부사구**(in +명사)가 되면, 뒤에 위치해서 앞쪽으로 꾸밉니다. 왜?

동사는 대장입니다. 제일 먼저 동사가 하는 일은, 글의 앞쪽(왼쪽)에 등장해서 보어와 목적어를 지정해 줍니다. 그래서 보어와 목적어를 꾸미는 **형용사구**는 그 사이를 비집고 들어갈 수 없고, 뒤에 위치해서 꾸밉니다. **형용사구**는 '-ㄴ'

소리를 가지고 태어난 1단어 형용사가 아니기 때문입니다.

주어ˇ동사 ∧**보어** \ <u>in +명사</u>
주어ˇ동사 ∧**목적어** \ <u>in +명사</u>

∧ : 명사 \ : 형용사(구)

 바로 이것이 '**꾸미기원칙 2**'입니다.

> **꾸미기원칙2**
> **2개 이상의 단어(품사)가** 모여 꾸미는 성질을 가지면 꾸밈을 받는 말 **뒤에**
> **위치해서** 꾸민다.
> 즉, 2개 이상의 품사가 모여 **형용사구 또는 부사구가** 되면, **뒤에 위치해서**
> 앞으로 꾸민다.

 'a new interesting book (새롭고 흥미진진한 책)'

a new book (새로운 책)
1단어인 형용사 new(새로운)이 book(책)을 꾸밉니다.
an interesting book (흥미진진한 책)
1단어인 형용사 interesting(흥미진진한)이 book(책)을 꾸밉니다.
a new interesting book (새롭고 흥미진진한 책)
'-ㄴ' 소리를 가지고 태어난 1단어 형용사들이 몇 개가 모여 명사를 꾸미더라
도 , '-ㄴ' 소리가 나는 1단어 형용사일 뿐이므로 '꾸미기원칙1'을 따릅니다.

> **꾸미기원칙1**
> : 꾸밀 때는 **항상 앞에 자리해서** 뒤에 오는 다른 말을 꾸미고 서로 자석처럼
> 붙어 다닙니다. (단, 부사가 동사를 꾸밀 때만 예외)

'꾸미기원칙1'은 1단어로 태어난 형용사 또는 부사에 적용되는 규칙입니다.

'a very kind girl　(매우 친절한 소녀)'

very kind (매우 친절한)
1단어인 부사 very(매우)가 kind(친절한)을 꾸밉니다.

a kind girl (친절한 소녀)
1단어인 형용사 kind(친절한)이 girl(소녀)를 꾸밉니다.

a very kind girl (매우 친절한 소녀)
1단어로 태어난 형용사와 부사는 '꾸미기원칙1'을 따릅니다.

6. with me & *with I* : 전치사의 목적어

> @ She is famous in the world 그녀는 세상에서 유명하다

| She ⌵is \famous | 그녀는 ⌵이다 \유명한 |

'is (이다)'는 보어를 이끄는 동사입니다.

동사는 대장입니다. **'is (이다)'는** 바로 다음에 위치한 **'famous (유명한)'을 보어로** 임명했습니다.

'그녀는 유명하다'라고 해야지,

'그녀는 세상 안에 있다'라고 할 수 없습니다.

'in the world (세상 안에 있는)'은 보어가 아니기 때문입니다.

> She is famous / in the world
> 그녀는 유명하다 / **세상 안에서 (세상에서)**

'유명한'은 'famous (유명한)'인데, **어디서 유명하냐**면 'famous / **in the world** (유명한 \세상 안에서)'입니다. 명사(world 세상)의 모양을 바꾼 'in the world (세상 안에서)'는, 앞에 위치한 'famous (유명한)'을 꾸밉니다.

우리말	<u>세상 안에서</u> 유명한
영어	유명한 /<u>세상 안에서</u>
	famous /in the world

동사는 대장입니다. 동사 'is (이다)'는 보어 자리에 'famous (유명한)'을 지정했습니다. 그래서 'in the world(세상 안에서)'가 그 사이를 비집고 들어가지 않습니다. 'in the world(세상 안에서)'는 꾸밈을 받는 말(famous 유명한) **뒤에 위치해서** 'famous (유명한)'을 **꾸밉니다**.

'in the world(세상 안에서)'는 '-ㄴ' 소리가 나는 'famous (유명한)'을 꾸미는 **부사구**입니다.

ⓑ She is afraid of the cat   그녀는 고양이에 겁먹다

She ˅is \afraid	그녀는 ˅이다 \겁먹은

'is (이다)'는 보어(**afraid 겁먹은**)을 이끄는 동사입니다.

She is afraid /of the cat
그녀는 겁먹다 /고양이에 관련해서

'of (-에 관련한/ -에 관련해서)'는 명사와 짝을 이루어 '무엇**에 관련한**' 또는 '무엇**에 관련해서**'라는 뜻으로 쓰입니다.
'겁먹은'은 'afraid (겁먹은)'인데, **무엇에 관련해서 겁먹느냐면** 'afraid / of the cat (겁먹은 / **고양이와 관련해서**)'입니다.

우리말   <u>고양이에 관련해서</u> 겁먹은
영어   겁먹은   <u>**/고양이에 관련해서**</u>
afraid   **/of the cat**

'of the cat (고양이에 관련해서)'는 꾸밈을 받는 말(afraid 겁먹은) **뒤에 위치해서** 'afraid (겁먹은)'을 **꾸밉니다**.
'of the cat (고양이에 관련해서)'는 '- ㄴ' 소리가 나는 'afraid (겁먹은)'을 꾸미는 **부사구**입니다.

ⓑ예문은 다음의 ⓑ- 2. 처럼 '그녀는 고양이를 무서워하다'라고 표현할 수 있으므로 'cat (고양이)'를 '무서워하다'의 **목적어라고 할 수도 있습니다.**

ⓑ	She **is afraid of** the cat
	그녀는 고양이에 겁먹다
ⓑ- 1.	She **is afraid** / **of** the cat
	그녀는 무섭다 / 고양이에 한정해
ⓑ- 2.	She ˅**is afraid of** ^the cat
	그녀는 ˅**무서워하다** ^고양이를

옛날에 영어에서 '무서운'이라는 형용사는 있는데 '무서워하다'라는 동사는 없

었나봅니다. '무서워하다'는 동사가 있었다면 그 동사는 무서움을 유발하는 상대인 목적어를 이끌었을 것입니다.

'She is afraid 그녀는 무섭다'에서 'is (이다)'는 보어(afraid 무서운)를 이끄는 동사이고, 'afraid (무서운)'는 보충단어 자리에 위치한 <u>형용사일 뿐이지 동사가 아니므로</u>
'is afraid (무섭다)'는
'**고양이를**'하고 '**-을, -를**'이 붙는 목적어를 데려올 방법이 없습니다.

She is afraid   *the cat*   그녀는 *고양이를 무서워하다*   (x)

She ˇ<u>is afraid of</u> ^the cat   그녀는 무서워하다 ^**고양이를**   (o)

그렇지만 '**of (-에 관련해서)**'의 도움을 받아서, '고양이에 관련해서 무서워하는 성질이 있다'가 되면 '고양이를 무서워하다'는 뜻이므로,
'**고양이를 (cat)**'이 '**무서워하다 (is afraid of)**'의 목적어가 될 수 있습니다.

ⓑ-2.	She ˇ**is afraid of** ^the cat
	그녀는 **-에 관련해서 무섭다** 고양이
	그녀는 ˇ**무서워하다** ^고양이를

밑줄 친 'is afraid of'가 목적어(cat 고양이)를 이끄는 동사의 역할을 한 셈인데, 'is afraid of'는 전치사 'of'의 힘을 빌려 목적어를 이끌 수 있었기 때문에 'cat (고양이)'를 **전치사 'of'의 목적어**라고 표현입니다.

그래서 '그녀는 그를 무서워하다'를 영어로 표현하면,

ⓒ She is afraid of *he*	X
ⓓ She is afraid **of him** 그녀는 무서워하다 **그를**	O

ⓓ와 같이 of의 목적어임을 나타내는 'him (그를)'이 옳은 표현입니다. 'he (그는)'은 주어를 나타내기 때문입니다.

'그는 나와 함께 걷다'를 영어로 표현하면,

ⓔ He walks with *I*	X
ⓕ He walks **with me** 그는 걷다 / **나와 함께**	O

'walk(걷다)'는 목적어가 필요 없는 동사이지만 'walk with (-와 함께 걷다)'는 '함께 걷는 동작'을 하려면 '함께 걸어 갈 상대'인 목적어가 필요합니다.

그래서 'with me'가 옳은 표현입니다. 'me (나를)'은 목적어를 나타내고, 'I (나는)'은 주어를 나타내기 때문입니다.

질문입니다.

목적어를 이끄는 것은 2가지입니다. 무엇일까요?

빙고.

동사의 목적어와 **전치사의 목적어**입니다.

---

7. pass형 동사와 make형 동사의 전치사

목적어가 2개인 동사 기억나세요? (UNIT 6 '-을/를'과 '-에게'가 붙는 목적어) make형 동사는 그 의미가 '만들다' 또는 '만들어주다'인지에 따라서 목적어의 개수가 1개에서 2개로 바뀌지만, pass형 동사는 '패스하다'라는 하나의 의미 속에서 직접목적어와 간접목적어를 모두 이끌 수 있는 것이 차이점이라고 했습니다.

먼저, pass형 동사를 살펴보겠습니다.

ⓖ I pass ^the soccer ball (나는 패스하다 ^축구공을)

ⓗ I pass ^my friend (나는 패스하다 ^친구에게)

ⓘ I pass ^my friend ^the soccer ball

　　(나는 패스하다 ^친구에게 ^축구공을)

ⓘ에서 동사(pass)가 2개의 목적어를 동시에 등장시킬 경우, '~에게'에 해당하는 '간접목적어'를 '~을/를'에 해당하는 '직접목적어'보다 먼저 나타내기로 약속했다고 했습니다.

그런데, '~을/를'에 해당하는 '직접목적어'를 먼저 등장시키면, '~에게'에 해당하는 '간접목적어'는 <u>목적어의 자격을 상실하고</u> 부사구가 되기 위해 전치사의 도움을 받습니다.

ⓘ I pass ^**my friend** ^the soccer ball
　　(나는 패스하다 ^친구에게 ^축구공을)

ⓙ I pass 　　　　　　　　 ^the soccer ball **/ to my friend**
　　(나는 패스하다 　　　　 ^축구공을 　　　　　/친구에게)

이제, 동사의 의미가 '만들다' 또는 '만들어주다'로 변함에 따라 목적어의 개수가 1개에서 2개로 바뀌는 make형 동사입니다.

ⓚ I make ^a doll 　　　　(나는 만들다 ^인형을)

ⓛ *I make her* 　　　　 *(나는 만들다 그녀를)*

ⓜ I make ^her ^a doll　(나는 <u>만들어주다</u> ^그녀에게 ^인형을)

ⓚ 동사 'make'가 '만들다'의 의미일 때, 동사 'make'는 사물(a doll 인형)만 목적어로 데려옵니다.

ⓛ 틀린 표현입니다. 동사 'make'가 '만들다'의 의미일 때, 동사 'make'는 사람(her 그녀를)을 목적어로 데려올 수 없습니다. 왜냐하면 <u>사람을 만들 수는 없기 때문입니다.</u>

ⓜ 동사 'make'가 '만들어주다'의 의미일 때, 동사(make)가 2개의 목적어를 동시에 등장시킬 수 있습니다. pass형 동사와 마찬가지로 <u>'~에게'에 해당하는 '간접목적어'</u>를 <u>'~을/를'에 해당하는 '직접목적어'</u>보다 먼저 나타냅니다.

그런데, '~을/를'에 해당하는 '직접목적어'를 먼저 등장시키면, '~에게'에 해당하는 '간접목적어'는 목적어의 자격을 상실하고 부사(구)가 되기 위해 전치사의 도움을 받습니다. 또한 동사 'make'의 의미 또한 '만들어주다'가 아니라 ⓚ처럼 '만들다'가 되어버립니다.

ⓜ I make ^her ^a doll
   (나는 만들어주다 ^그녀에게 ^인형을)
ⓝ I make   ^a doll / for her
   (나는 <u>만들다</u>   ^인형을 /그녀를 위해)

ⓙ I pass ^the soccer ball **/ to my friend**
   (나는 패스하다 ^축구공을 /친구에게)
ⓝ I make ^a doll **/** for her
   (나는 만들다 ^인형을 /그녀를 위해)

ⓝ make형 동사의 경우 'make (만들다)'는 그냥 만들기만 할 수도 있고, 누군가를 위해 만들어 줄 수도 있기 때문에, 특정한 사람에게 이익을 나타내는 의미의 전치사 'for'를 사용하지만

ⓙ pass형 동사는 애당초 사람목적어와 사물목적어가 있어야만 'pass (패스하다)'는 동작을 할 수 있는 동사이고, 'pass (패스하다)'는 동작은 여기에 존재하는 것을 저리로 보내주는 것이므로 방향을 나타내는 의미의 전치사 'to'를 사용했던 것입니다.

UNIT 10. 동사는 대장이다2

1. 왜 이렇게 길어?

I walk fast to the bookstore near the bus station

I ˇwalk	나는 ˇ걷다

'walk (걷다)'는 '걷는 화면'을 보여주는 동사이므로 보어 또는 목적어를 이끌지 않습니다.

I walk / fast	나는 걷다 / **빨리**

그런데 마침표(.)가 오지 않고 길어집니다. 왜 길어질까요?
동사(walk 걷다)와 친한 부사(fast 빨리) 때문입니다.
어떻게 걷습니까? **빨리** 걷습니다.

I walk fast / to the bookstore	나는 걷다 빨리 / **책방으로**

또 길어집니다. 왜 길어질까요?
이번에는 '꾸미기원칙2'에서 배운 '**부사구**'때문입니다.
전치사 to(-방향으로)가 명사(bookstore 책방)의 모양을 형용사 또는 부사로 바꿔준다는 정보를 제공합니다.
어디로 갑니까? **책방으로** 갑니다.
'to the bookstore (책방으로)'는 'walk (걷다)'를 꾸미는 **부사구**입니다.

※ '동사 walk'를 수식하는 '부사구 to the bookstore'

전치사	+	명사	=	부사구 : 형용사구
to		the bookstore		to the bookstore (책방으로)

I walk fast to the bookstore\near the bus station
나는 걷다 빨리 책방으로　　\버스 정류소 근처에 있는

또 마침표(.)가 오지 않고 길어집니다. 이번에는 왜 길어질까요?
또 '부사구'때문이겠지?
아닙니다. 이번에는 '꾸미기원칙2'에서 배운 '**형용사구**'가 등장했습니다.

near(-근처에 있는)가 명사(the bus station 버스 정류소)의 모양을 '-ㄴ'소리가 나는 '형용사구 (near the bus station)'로 바꾸어서 **어떤 (버스정류소 근처에 있는)** 책방(bookstore)인지를 알려줍니다.

※ '책방 bookstore'을 수식하는 '형용사구 near the bus station'

전치사		명사		부사구 : **형용사구**
near	+	the bus station	=	near the bus station (버스 정류소 근처에 있는)

동사가 보어 또는 목적어를 결정한 이후에도, 문장을 길어지게 하는 것은 주로 **'어떻게'**에 해당하는 '부사' 때문만은 아닙니다.
'언제, 어디서, 어떻게, 왜'를 나타내는 **'부사구'**와 '-ㄴ' 소리가 나는 **'형용사구'**가 등장하기 때문입니다.

'동사는 대장이다1'에서 동사가 보어, 목적어를 결정해 줍니다. 그런데도 문장을 길어지게 하는 것은 무엇 때문입니까?

딩동댕.
부사(구) 또는 형용사(구) 때문입니다.

| I ate apples with my father at home in Hukuoka |

| I ˇate ˆapples | 나는 ˇ먹었다 ˆ사과를 |

'eat (먹다)'는 목적어(apples 사과)를 이끄는 동사입니다

| I ate apples / **with my father** | 나는 먹었다 사과를 / **아빠랑** |

그런데 마침표(.)가 오지 않고 길어집니다. 왜 길어질까요?
전치사 with(-랑)이 명사(my father 나의 아빠)의 모양을 바꿔준다는 정보를 제공합니다.

어떻게 먹었습니까? **아빠랑** 먹었습니다.
'with my father (아빠랑)'은 'eat(먹다)'를 꾸미는 **부사구**입니다.

I ate apples with my father / at home
나는 먹었다 사과를 아빠랑 / 집에서

또 길어집니다. 왜 길어질까요?
전치사 at(-에서)가 명사(home 집)의 모양을 바꿔준다는 정보를 제공합니다.
어디서 먹었습니까? **집에서** 먹었습니다.
'at home (집에서)'는 'eat(먹다)'를 꾸미는 **부사구**입니다.

I ate apples with my father at home \in Hukuoka
나는 먹었다 사과를 아빠랑 집에서 \후쿠오카에 있는

또 길어집니다. 왜 길어질까요?
전치사 in(-안에)가 명사(Hukuoka 후쿠오카)의 모양을 바꿔준다는 정보를 제공합니다.
어떤 집입니까? **후쿠오카에 있는** 집입니다.
'in Hukuoka (후쿠오카에 있는)'은 home(집)을 꾸미는 **형용사구**입니다.

2. 동사는 대장이다2

동사가 보어와 목적어를 결정합니다. (**동사는 대장이다1**)
동사가 보어와 목적어를 결정했는데
왜 문장이 길어집니까?
부사(구)와 형용사(구)가 등장하기 때문입니다.

동사의 첫 번째 역할은 보어 또는 목적어를 결정하는 것이었습니다 ('동사는 대장이다1'의 원칙).
동사가 보어 또는 목적어를 결정했는데 문장이 계속 길어지는 것은 형용사 또는 부사가 등장하여 꾸미거나 형용사 역할 또는 부사 역할을 하는 단어들의 결합이 계속 등장하여 꾸미기 때문입니다 ('동사는 대장이다2'의 원칙).

동사가 보어와 목적어를 결정했는데

문장이 계속 길어집니다. 아무리 길어져도 걱정할 것 없습니다.

그것은 형용사 역할 또는 부사 역할을 하는 단어들의 결합이 계속 등장할 뿐이기 때문입니다.

그래서 '**꾸미기원칙2**'에 따라, 뒤에 위치해서 앞으로 꾸미는 부사구(절)과 형용사구(절)을 연습하면 됩니다.

'동사'가 등장하면, 제일 먼저 생각할 것은 '보어와 목적어'입니다.

2번째로 생각할 것은 '**꾸미기원칙2**'입니다.

동사가 '보어와 목적어'를 결정하고 나면 '이제부터 꾸미는 성질을 가진 형용사구 및 부사구가 등장해서, **뒤에서 앞으로 꾸미겠다**는 것'입니다

동사가 보어와 목적어를 결정합니다. (**동사는 대장이다1**)

동사가 보어와 목적어를 결정하고 난 후 무엇을 합니까?

동사가 '**꾸미기원칙2**'를 만듭니다. (**동사는 대장이다2**)

이제부터 형용사구 또는 부사구가 등장해서 뒤에서 앞으로 꾸민다는 것을 생각합니다.

그래서 '명사 모양 바꾸기'에서 '부사구'와 '형용사구'를 배웠고, 앞으로 배울 '동사 모양 바꾸기'에서도 '부사구'와 '형용사구'를 배울 것입니다. 또한 '절 모양 바꾸기'에서는 '부사절'과 '형용사절'을 배우게 됩니다.

모두 '꾸미기원칙2'에 해당하는 형용사의 역할이고 부사의 역할일 뿐입니다. 태어날 때 '-ㄴ' 소리를 가지지 않고 태어났거나 태어날 때 '-게' 소리를 가지지 않고 태어난 '구'와 '절'입니다. 그래서 '-ㄴ' 소리가 나게 하고 '-게' 소리가 나게 하는 '구'와 '절'을 만드는 것입니다.

동사가 보어와 목적어를 결정한 다음에 길어지는 문장에 등장하는 단어들은 여러분에게 익숙하지 않은 단어이거나 모르는 단어일 뿐이기에 **겁내지 말고** '**이것은 형용사의 역할 또는 부사의 역할을 하는 것이구나**.'라고 **생각하면 됩니다**.

동사는 대장이다2

'꾸미기원칙2'를 만듭니다.

형용사구(절) 또는 부사구(절)의 시작을 알려줍니다.

---

3. 웃긴 얘기 (아버지가방에 들어가다)

다음의 ⓐ와 ⓑ는 우리말 '끊어 읽기'에 관련한 예문입니다.

> ⓐ 아버지 가방에 들어가다
> ⓑ 아버지가 방에 들어가다

ⓐ는 '아버지'와 '가방에'를 각각 한단어로 읽어서
'아버지 가방에'는 '아버지의 가방'이라는 뜻이고,
ⓑ는 '아버지가'와 '방에'를 각각 한단어로 읽어서
'아버지가 방에'는 '누가 어디에'라는 뜻입니다.

	아버지 가방에 들어가다	아버지가 방에 들어가다
누가	무언가가	아버지가
어디에	아버지의 가방에	방에
	들어가다	

다음의 ⓒ와 ⓓ는 영어의 '끊어 읽기'에 관련한 예문입니다.
옷가게에서 생긴 손님과 직원의 대화입니다.

> 손님 : May I put on the dress in the show window?
> 직원 : what?   xx
> 손님 : what!   xx
>
> *put on : 입다
> *the show window : 진열장
>
> 손님 : 진열장 안에 있는 드레스를 입어볼 수 있나요?
> 직원 : 뭣이라고요? xx
> 손님 : 뭐! 기분 나빠. xx.

손님과 옷집 직원은 어떤 오해가 있었을까요?

상황1)
손님 :
May I put on the dress in the show window?
May I put on ^the dress
: 입어볼 수 있나요 ^드레스를
May I put on **^the dress\in the show window**
: 입어볼 수 있나요 **^드레스를\진열장 안에 있는**

'the dress(드레스)'와 'in the show window'를 **붙여 읽어** 'in the show window (진열장 안에 있는)'는 'the dress(드레스)'를 꾸미는 **형용사구**입니다. \ 형용사구

상황2)
손님 :
May I put on the dress in the show window?
May I put on ^the dress
: 입어볼 수 있나요 ^드레스를
May I put on ^the dress **/ in the show window**
: 입어볼 수 있나요 ^드레스를 **/ 진열장 안에서**

'the dress(드레스)'와 'in the show window'를 **끊어 읽어** 'in the show window (진열장 안에서)'는 'put on (입다)'를 꾸미는 **부사구**입니다. / 부사구

손님은 상황1처럼 'the dress'와 'in the show window'를 붙여 읽어서 **진열장 안에 있는 드레스**'를 언급했는데,

옷가게 직원은 상황2와 같이 'the dress'와 'in the show window'를 끊어 읽기로 들어서, '**진열장 안에서** 옷을 벗고 드레스를 **입어 보겠다**'는 것으로 오해를 했던 것입니다.

아빠: 그는 테이블 위에서 사과를 먹다

아들: 그는 ˇ먹다 ^사과를 / 테이블 위에서

    He ˇeats ^an apple / on the table

전치사	+	명사	=	부사구 : 형용사구
on		the table		on the table 테이블 위에서

아빠: 그는 테이블 위에 있는 사과를 먹다

아들: 그는 ˇ먹다 ^사과를\테이블 위에 있는

    He ˇeats ^an apple\on the table

전치사	+	명사	=	부사구 : 형용사구
on		the table		on the table 테이블 위에 있는

ⓐ 테이블 위에서 먹는 모습

ⓑ 테이블 위에 있는 사과

UNIT 11. 동사는 대장이다3

1. 동사는 대장이다1
   동사는 보어와 목적어를 결정합니다.
2. 동사는 대장이다2
   동사는 '꾸미기원칙2'를 만듭니다.
   형용사구(절) 또는 부사구(절)의 **시작**을 알려줍니다.
3. 동사는 대장이다3
   (   )의 **끝**이 어디인지를 알려줍니다.

다음 예문의 주어는 무엇일까요?

> **'마당에 있는 테이블 위의 책은 나의 것이다'**

주어는 한 단어로 '책은'이고 주어 부분에 해당하는 것은 '마당에 있는 테이블 위의 책은'입니다.
우리말은 '-은, -는'을 붙여 주어임을 알려줍니다.

다음 예문을 해석해 보세요.

> **The interesting book on the table in the garden is mine.**

| ^The   book | 책 |

주어 자리에 위치하는 것은 명사이므로 **'책(book)'**하고 먼저 해석합니다. '책은' 하고 **'-은, -는'을 붙이지 않습니다.** 영어 순서인 '주어 ^동사'에서 동사가 등장할 때 비로소 주어 부분이 완료되었다는 것을 알 수 있기 때문입니다.

| ^The interesting book | 흥미진진한 책 |

그 다음에, '형용사(interesting 흥미진진한)이 '책(book)'을 꾸미는구나.'하고 '흥미진진한 책을'함께 위치시킵니다.

이때 'interesting (흥미진진한)'은 '-ㄴ' 소리를 가지고 태어난 형용사이므로 **앞에 위치해서 꾸밉니다. (꾸미기원칙1)**

> The interesting book\on the table
> 책\테이블 위에 있는

주어 다음에 있어야 할 동사가 보이지 않습니다. 왜?
<u>주어가 끝나지 않았기 때문입니다.</u>
무엇이 주어를 길어지게 합니까?
주어 자리에 있는 명사를 꾸미는 형용사 때문입니다.
그런데 형용사가 아니라, 여러 단어가 모여 '-ㄴ' 소리를 갖게 된 형용사구 때문입니다. 천천히 해 볼게요.

- **주어** 자리에 위치할 수 있는 것은 무엇인가요?
  오케이. 명사.
- 그 **주어 부분**이 길어지는 것은 무엇 때문인가요?
  오케이. 형용사가 꾸미기 때문입니다.
- 'interesting (흥미진진한)'이 명사(book 책)을 꾸몄는데도 길어집니다. 왜 길어질까요?
  오케이. '꾸미기원칙2' 때문입니다.
  어떤 책입니까? **테이블 위에 있는** 책입니다.
  'on the table (테이블 위에 있는)'은 'book (책)'을 꾸미는 **형용사구입니다.**

> The interesting book on the table\in the garden
> 테이블\마당 안에 있는

아직도 동사가 보이지 않습니다.
<u>주어가 아직 끝나지 않았다는 정보를 줍니다.</u>
어떤 테이블입니까? **마당 안에 있는** 테이블입니다.
'in the garden (마당 안에 있는)'은 'table (테이블)'을 꾸미는 **형용사구입니다.**

형용사		명사		형용사구
interesting 흥미진진한	→	book 책		
		book 책	←	on the table 테이블 위의
		table 테이블	←	in the garden 마당 안에 있는

The interesting book on the table in the garden ˅is
마당에 있는 테이블 위의 흥미진진한 **책은** ˅이다

드디어 **'책은'** 하고 '주어'임을 알리는 **'-은'** 을 붙입니다.
동사(is)의 등장으로써, 길어진 주어의 끝을 알 수 있습니다.

The interesting book on the table in the garden **is** ^**mine**
마당에 있는 테이블 위의 흥미진진한 책은 ˅이다 ^나의 것

'is(-이다)'는 보어(mine 나의 것)을 이끄는 동사입니다.

동사는 대장이다3
동사는 (**주어**)의 **끝**이 어디인지를 알려줍니다.

'명사 모양 바꾸기'에서 '꾸미기원칙2'를 배웠습니다.

꾸미기원칙2

2개 이상의 단어(품사)가 모여 꾸미는 성질을 가지면 꾸밈을 받는 말 뒤에 위치해서 꾸민다.

즉, 2개 이상의 품사가 모여 **형용사구 또는 부사구**가 되면, **뒤에 위치해서** 앞으로 꾸민다.

'꾸미기원칙2'를 따르는 '모양 바꾸기'는 2개 더 있습니다.
바로 '동사 모양 바꾸기'와 '절(clause) 모양 바꾸기'입니다.

아래 예문 ⓐ과 ⓑ은 '**동사는 대장이다3**'을 보여주는 예입니다.

ⓐ
The girls\running on the playground ⌄**are** my sisters
소녀들은\운동장에서 달리는　　　　⌄**이다**
=운동장에서 달리는 **소녀들은** 내 여동생들이다

ⓑ
The book\which is on the table ⌄**is** interesting
책은\테이블 위에 있는　　　⌄**이다**
=테이블 위에 있는 **책은** 흥미진진하다

ⓐ는 **동사의 모양을 바꾼** 형용사구(running on the playground) 때문에 주어 부분이 길어지는 경우이고 ⓑ는 **절(clause)의 모양을 바꾼** 형용사절(which is on the table) 때문에 주어 부분이 길어지는 경우를 간단히 나타냈습니다.

PART

III

동사모양 바꾸기

UNIT 12. 러닝 맨

아빠: 다음 예문을 읽고 틀린 부분을 고쳐 보세요.

나의 취미는 *달리다이다*.
달리다는 건강에 좋다.
그리고 나는 *걷다를* 좋아한다.
그래서 *런머신(달리다 머신)* 위에서 TV로 "*런 맨 (달리다 사람)*"을 보면서 빠른 속도로 걷는다.

아들:

나의 취미는 **달리기이다**.
달리는 것은 건강에 좋다.
그리고 나는 **걷기를** 좋아한다.
그래서 **러닝머신(달리기용 머신)** 위에서 TV로 "**러닝 맨 (달리는 사람)**"을 보면서 빠른 속도로 걷는다.

다음 예문을 읽고 틀린 부분을 고쳐 보세요.

ⓐ My hobby is *jog*./ ⓑ *Jog* is good for our health./ ⓒ And I like *walk*./ ⓓ So I walk in a high speed on *the run machine*, seeing '*The Run man*' on TV.

ⓐ		
My hobby is *jog*. 나의 취미는 *달리다*이다.		X
My hobby is ^**jogging.** 나의 취미는 ^**달리기**이다.		O
영어사전 jog 달리다 jogging 달리기, 조깅		
'is (-이다)'는 보어를 필요로 하는 동사이고 보어 자리에 알맞은 것은 **명사**(jogging 조깅, 달리기)입니다.		

ⓑ _Jog_ is good for our health. _달리다_는 건강에 좋다.	X
^**Jogging** is good /for our health. ^**달리기는** 건강에 좋다.	O
영어 순서는 '주어 ∨동사'입니다. 'is (이다)'의 주어 자리에는 명사(Jogging 조깅, 달리기)가 위치해야지, 동사(Jog 달리다)가 올 수는 없습니다.	

ⓒ I **like** _walk_. : 나는 _걷다_를 좋아하다.	X
I **like** ^**walking**. : 나는 ^**걷기를** 좋아하다	O
'like(좋아하다)'는 목적어를 이끄는 동사이므로 '걷다(walk)'의 모양을 명사로 바꿔 '걷기(워킹 walking)'라고 해야겠죠.	

ⓓ I walk in a high speed on _the run machine_, 나는 _런머신(달리다 머신)_ 위에서 빠른 속도로 걷다	X
I walk / in a high speed / on **the running machine**, 나는 걷다 / 빠른 속도로 / **러닝머신(달리기용 머신)** 위에서	O
the run machine _달리다_ 머신 머신은 머신인데 무슨 머신입니까? 러닝(달리기용) 머신입니다. 수학책 , 미술책처럼 어떤 **용도**의 책인지를 나타내기 위해서 '수학', '미술'이라는 <u>명사를 붙이는 것처럼</u>, 여러 종류의 머신 중에서 공장용 머신이 아니라 건강을 위한 **달리기용도의 머신**임을 나타내어야 하므로 동사(달리다)의 모양을 명사(달리기용)로 바꿔야 하는 것입니다. 동사(run)가 저절로 명사가 될 수 없으므로 '달리다 머신 (run machine)'에서 동사 run의 모양을 running으로 바꿔 '러닝머신 (달리기용 머신 running machine)'이라고 했던 것입니다.	
the <u>run machine</u> 달리다 머신 (x) the **running machine** **달리기용 머신** (o) the <u>run shirts</u> 달리다 셔츠 (x) the **running shirts** **달리기용 셔츠** (o) 영어사전 run 달리다 running 달리기용도	

seeing '*The Run Man*' on TV TV로 "*런 맨 (달리다 사람)*'을 보면서,	X
seeing ^'**The Running Man**' / on TV 보면서 ^"**러닝 맨 (달리는 사람)**"을 / TV로	O

앞 단원 '**꾸미기**'에서, 우리말은 명사를 꾸미기 위해 태어난 단어가 없기 때문에 명사를 꾸미는 단어의 모양을 '-ㄴ'모양이 붙는 말로 바꿔야 하지만, 영어에서는 '-ㄴ'모양을 가진 상태로 태어난 형용사가 명사를 꾸민다고 했습니다. 기억나세요?

사람은 사람인데 어떤 사람입니까? *달리다* 사람? 아닙니다.
달리는 사람입니다.
우리말에서 명사(사람)를 꾸밀 때 '-다'로 끝나는 동사의 모양을 '달리는'처럼 <u>'-ㄴ' 소리가 나는 단어로 바꾸듯이</u>, 영어에서도 동사의 모양을 바꿔야 합니다. 어떻게 바꿔야 할까요?
빙고. 형용사로 바꿔야 합니다.

'the run man (달리다 사람)'에서 동사(run 달리다)의 모양을 형용사(running 달리는 중인)로 바꿔 'the running man (달리는 중인 사람, 러닝 맨)'으로 표현합니다.

이때 <u>'running (달리는 중인)'</u>은 명사(man 사람)를 꾸미는 **형용사 역할**을 하는 것입니다. 'the running shirts 달리기용 셔츠'의 running이 용도를 나타내는 <u>명사 역할을 했던 것과는 구별해야 합니다.</u>

사람을 '*달리기용 사람*'이라고 할 수 없고 셔츠를 '*달리는 중인 셔츠*'라고 할 수 없는 것과 같습니다.

the **running machine**   **달리기용 머신**
the **running man**   **달리는 중인 사람**

UNIT 13. 달리*다*는 좋다 : 명사구 (주어)

1. *달리다*는 좋다

아빠: 운동은 좋다
아들: 운동은 ˇ이다 \좋은

아빠: 사과는 좋다
아들: **^사과는** ˇ이다 \좋은

아빠: *달리다*는 좋다
아들: '달리다는'이 이상해요.

아빠: 달리기는 좋다
아들: **^달리기는** ˇ이다 \좋은

아빠: 달리는 것은 좋다
아들: **^달리는 것은** ˇ이다 \좋은

무엇은 좋습니까?
운동은 좋습니다.
사과는 좋습니다.

'운동**은**', '사과**는**'처럼 우리말 '-은, -는'이 붙는 **주어** 자리에 올 수 있는 것은
'**누구**' 또는 '**무엇**'에 해당하는 **명사**(운동, 사과)입니다.

그런데, '**달리다**'는 명사가 아니라 **동사**이므로 동사(달리다)의 모양을 명사로 바꿔야합니다. 우리말에서는 동사(달리다)에 '-기, -것'을 붙여 동사의 모양을 명사(달리기, 달리는 것)로 바꿀 수 있습니다. 영어에서도 동사의 모양을 명사로 바꾸기 위해 붙이는 것이 있습니다.

Run   달리다
Runn**ing**   달리기
To run   달리는 것

바로 '**ing**'와 '**to**'입니다.
'달리기'가 1단어이고 '달리는 것'이 2단어인 것처럼
'running'의 '**ing**'는 '달리기'처럼 1단어를 만드는 '-기'에 해당하고 'to run'의 '**to**'는 '달리는 것'처럼 2단어를 만드는 '-것'에 해당한다고 생각하면 됩니다.

다음 예문에서 이상한 점을 찾아서 고쳐 보세요.

^Sports ⱽare \good	^운동은 ⱽ이다 \좋은
^The apple ⱽis \good	^사과는 ⱽ이다 \좋은
Run is good	_달리다_는 좋다

^**Running** ⱽis \good	^**달리기**는 ⱽ이다 \좋은
^**To run** ⱽis \good	^**달리는 것**은 ⱽ이다 \좋은

^ :**명사**   ⱽ :동사   \ :형용사

2. *아침에 달리다는 좋다*

아빠: 달리는 것은 좋다
아들: ^달리는 것은 ∨이다 \좋은
아빠: 영어로 나타내보세요,
아들: **^To run** ∨is \good

아빠: 아침에 달리다
아들: ∨달리다 /아침에
아빠: '아침에 달리다'를 영어로 나타내면
아들: ∨run /in the morning
아빠: 아침에 달리는 것은 좋다
아들: 달리는 것은... 이다... 좋은... '아침에'가 어디로 가죠?
아빠: 오케이. '아침에 달리다'를 영어로 나타내면 뭐였죠?
아들: 'run in the morning'입니다.
아빠: '아침에 달리는 것'을 영어로 나타내면?
아들: 'To run in the morning'입니다.

아빠: 다시 해 봅시다. '아침에 달리는 것은 좋다'
아들: **^아침에 달리는 것은** ∨이다 \좋은
아빠: 빙고, 영어로 나타내면?
아들: **^To run in the morning** ∨is \good
아빠: 잘 했어요.

'*달리다는* 좋다'를 바르게 고치면,

⇒ '**달리기는 좋다.**'
⇒ '**달리는 것은 좋다.**'

'달리기'는 1단어 명사이고, 2단어인 '달리는 것'은 '달리다'에서 동사 소리에 해당하는 '-다'를 명사 소리가 나는 '-것'으로 바꾼 것입니다.

'달리기'는 '달리다'의 명사이고 태어날 때 명사 소리인 '-기'를 가지고 태어났다고 생각하세요.
그런데 '달리는 것'은 '달리다'의 명사가 아닙니다. 단지 성질은 동사이면서 모양만 명사처럼 보이게 한 것입니다.

'*아침에 달리다는* 좋다'를 바르게 고치면

⇒ ㉠ '아침에 달리는 것은 좋다.'
⇒ ㉡ '아침에 <u>하는</u> 달리기는 좋다.'

㉠과 ㉡은 모두 '달리다'의 '-다' 소리가 나지 않게끔 하려고 '달리는 것' 또는 '달리기'로 바꾼 것입니다.

㉡의 '달리기'의 경우 '달리다'의 '-다' 소리만 바뀌는 것이 아니라 '아침에'도 '아침에 하는'으로 바뀝니다. 왜냐하면, '달리기'는 동사의 성질을 갖지 않는 명사이므로 '-ㄴ' 소리가 나는 단어와 친하기 때문입니다.

그런데 ㉠의 '달리는 것'을 이용하면 '달리다'의 '-다' 소리만 바꾸면 되는 **편리함**이 있습니다.
'*아침에 달리다는* 좋다'를 바르게 고치면

⇒ '**아침에 달리는 것은** 좋다.'입니다.

무엇이 좋습니까?
'달리는 동작' 모두가 좋은 것이 아닙니다. 더운 낮에 달리는 것이 아니고, 어두운 밤에 달리는 것이 아닙니다. 덥지도 않고 어둡지도 않은 아침에 달리는 것이 좋습니다. 그래서 주어는 '달리는 것은'이 아니라 '**<u>아침에 달리는 것</u>**은'입니다.

1단어인 동사 '달리다'의 모양을 바꾸기 위해서 '-것'을 붙인 것이 아닙니다. **'부사(아침에)'와 짝을 이룬 '아침에 달리다'의 모양을 바꾸기 위해서입니다.** '아침에'가 '달리다'를 꾸며서 '아침에 달리다'는 함께 다닌다고 했습니다. (UNIT 7 꾸미기)

다음 예문에서 이상한 점을 찾아서 고쳐 보세요.

| _Run in the morning_ is good | _아침에 달리다_는 좋다 |

⇓

| ^Running in the morning ˅is \good | ^아침에 달리는 것은 |
| ^**To run** in the morning ˅is \good | ˅이다 \좋은 |

'_공원에서 달리다_는 좋다'를 바르게 고치면

⇒ '**공원에서 달리는 것**은 좋다.

무엇이 좋습니까?
'달리는 동작' 모두가 좋은 것이 아닙니다. 차가 다니는 길에서 달리는 것이 아니라, 공원에서 달리는 것이 좋습니다. 그래서 주어는 '달리는 것은'이 아니라 '**공원에서 달리는 것**은'입니다.

1단어인 동사 '달리다'의 모양을 바꾸기 위해서 '-것'을 붙인 것이 아닙니다.

'부사(공원에서)'라는 장식품이 붙어있는 '**공원에서 달리다**'의 모양을 바꾸기 위해서입니다. '공원에서'가 '달리다'를 꾸며서 '공원에서 달리다'는 함께 다닙니다.

다음 예문에서 이상한 점을 찾아서 고쳐 보세요.

| *Run in the park* is good | *공원에서 달리다는 좋다* |

⇓

| ^Running in the park ⱽis \good | ^공원에서 달리는 것은 |
| ^To run in the park ⱽis \good | ⱽ이다 \좋은 |

'*아침에 공원에서 달리다는* 좋다'를 바르게 고치면

⇒ '**아침에 공원에서 달리는 것은 좋다.**'

무엇이 좋습니까?
'달리는 동작' 모두가 좋은 것이 아닙니다. 언제 달리느냐면 '아침에 달리는 것'이고, 그것도 아침에 어디서 달리느냐면 '아침에 공원에서 달리는 것'이 좋습니다. 그래서 주어는 '달리는 것은'이 아니라 '**아침에 공원에서 달리는 것은**'입니다.
1단어인 동사 '달리다'의 모양을 바꾸기 위해서 '-것'을 붙인 것이 아닙니다. '부사(아침에, 공원에서)'라는 장식품이 2개나 붙어있는 '**아침에 공원에서 달리다**'의 모양을 바꾸기 위해서입니다. '아침에'와 '공원에서'가 동시에 '달리다'를 꾸며서 '아침에 공원에서 달리다'는 함께 다닙니다.

Run in the park in the morning is good
*아침에 공원에서 달리다*는 좋다

ᐱRunning in the park in the morning ᐯis \good
ᐱTo run in the park in the morning ᐯis \good
ᐱ아침에 공원에서 달리는 것은   ᐯ이다 \좋은

ⓐ **Running in the morning is good for our health**

Running	ing는 동사(run 달리다)의 모양을 바꾼다는 정보
ᐱRunning in the morning ᐯis	아침에 달리는 것은

그런데 'run (달리다)'의 모양을 바꾼 것이 아니라 <u>run /in the morning (달리다 /아침에)</u>'의 모양을 바꾼 것입니다.

부사구 'in the morning (아침에)'가 **언제 달리는지**를 알려주므로 **'run in the morning (아침에 달리다)'**는 함께 다닙니다.

뒤이어 등장하는 '-다' 소리가 나는 'is(-이다)'를 보는 순간, 'Running in the morning' 전체가 '주어'라는 것을 알고 '아침에 달리는 것은'하고 해석합니다. ('**동사는 대장이다 3**'에서)

^Running in the morning ˅is \good
^아침에 달리는 것은 ˅이다 \좋은

'is(이다)' 다음의 'good(좋은)'을 보는 순간 'is'는 보어를 이끄는 동사임을 알수 있습니다.

Running in the morning is good / for our health
아침에 달리는 것은 좋다 / 건강을 위해서

'is(이다)'가 보어(good 좋은)을 이끌었습니다. 그런데 문장이 길어집니다.
형용사(구) 또는 부사(구)가 등장한다는 암시입니다.
('동사는 대장이다 2'에서)

'for our health(건강을 위해서)'의 'for(-을 위해서)'를 보는 순간 '명사(our health 우리 건강)'의 모양을 바꾼다는 것을 압니다,
어디에 좋다고요? 우리 건강에 좋습니다.
그래서 'for our health(건강을 위해서)는 'good(좋은)'을 꾸미는 '부사구'임을 압니다.

ⓑ To run in the park in the morning is good for our health

To run	달리다

to는 동사(run 달리다)의 모양을 바꾼다는 정보를 줍니다.
to run   달리는 것
'달리는 것은' 하고 '-은, -는'을 붙일 수가 없습니다. 주어의 끝을 알리는 동사가 보이지 않습니다. (**동사는 대장이다3**)

To run /in the park	달리다 /아침에

주어가 길어집니다. to는 동사의 모양을 바꾼다는 정보원입니다.
그런데 단순히 '동사(run 달리다)'의 모양을 바꾼 것이 아닙니다.

동사가 등장하면 제일 먼저 떠올려야 하는 것이 있습니다.

동사는 대장이다1 : 보어 또는 **목적어를 결정**

'run(달리다)'는 보어 또는 목적어를 필요로 하지 않는 동사입니다.

그런데 문장이 길어집니다.

동사가 등장하면 2번째로 떠올려야 하는 것이 있습니다.

동사는 대장이다2 : 형용사구 또는 **부사구**의 시작을 알림

문장이 길어진다는 정보를 줍니다.

'in the park (공원에서)'가 **어디서 달리는지**를 알려주므로 'run in the park (공원에서 달리다)'는 함께 다닙니다.

> To **run** in the park **/in the morning**
> **달리다 /공원에서 /아침에**

'공원에서 달리는 것은' 하고 '-은, -는'을 붙일 수가 없습니다. 주어의 끝을 알리는 동사가 보이지 않습니다. (동사는 대장이다3)

아직 '동사는 대장이다2'가 진행 중이라는 정보입니다.

'in the morning (아침에)'가 **언제 달리는지**를 알려주므로 'run in the park in the morning (아침에 공원에서 달리다)'는 함께 다닙니다.

> ^To **run** in the park in the morning ⌄is
> ^아침에 공원에서 달리는 것은 ⌄이다

'동사는 대장이다2'가 계속 진행될까하고 다음을 읽으니 '-다' 소리가 나는 'is(-이다)'가 보입니다.

'-다' 소리가 나는 'is(-이다)'를 보는 순간, 주어가 끝났음을 알고 드디어 '아침에 공원에서 달리는 것은'하고 '-은, -는'을 붙입니다.

주어는

'to run'이 아니라

'**to run in the park in the morning**'입니다.

'-다' 소리가 나는 'is(-이다)'가 주어의 끝을 알려줍니다.

(동사는 대장이다3)

^To run in the park in the morning ✓is \good
^아침에 공원에서 달리는 것은 ✓이다 \좋은

'is(-이다)'는 동사입니다.

동사가 등장하면 제일 먼저 떠올려야 하는 것이 있습니다.

동사는 대장이다1 : 보어 또는 **목적어**를 결정

'is(-이다)'는 보어(good 좋은)를 이끄는 동사입니다.

To run in the park in the morning is good /for our health
아침에 달리는 것은 좋다   /건강을 위해서

동사가 등장하면 2번째로 떠올려야 하는 것이 있습니다.

동사가 보어와 목적어를 결정해 주었는데, 또 문장이 길어집니다.

이제부터 형용사(구) 또는 부사(구)가 등장한다는 정보입니다.

동사는 대장이다2 : 형용사구 또는 **부사구**의 시작을 알림

어떻게 좋습니까? 건강을 위해서 좋습니다.

'for our health (건강을 위해서)'는 'good (좋은)'을 꾸미는 부사구입니다.

달리다	run
달리기	running
달리는 것	to run
공원에서 달리다	run in the park
공원에서 달리는 것	to run in the park
	running in the park
아침에 달리다	run in the morning
아침에 달리는 것	to run in the morning
	running in the morning
아침에 공원에서 달리다	run in the park in the morning
아침에 공원에서	to run in the park in the morning
달리는 것	running in the park in the morning

아빠: 차를 안전하게 운전하다
아들: ∨운전하다 ^차를 /안전하게
아빠: '차를 안전하게 운전하다'를 영어로 나타내면
아들: ∨run ^a car /carefully

아빠: 차를 안전하게 운전하는 것은 좋다
아들: 운전하는 것은... 이다... 좋은... ??? 헷갈려요.
아빠: 오케이. '<u>차를 안전하게 운전하다</u>'를 영어로 나타내면?
아들: '<u>run a car carefully</u>'입니다.
아빠: 무엇이 좋습니까?
아들: '차를 안전하게 운전하는 것'이 좋습니다.
아빠: '차를 안전하게 운전하는 것'을 영어로 나타내면?
아들: To <u>run a car carefully</u>입니다.
아빠: 오케이. 다시 해 봅시다. '차를 안전하게 운전하는 것은 좋다'
아들: ^차를 안전하게 운전하는 것은 ∨이다 \좋은
아빠: 빙고. 영어로 나타내면?
아들: ^To <u>run a car carefully</u> ∨is \good
아빠: 잘 했어요.

'<u>*차를 안전하게 운전하다는* 좋다</u>'를 바르게 고치면

⇒ '**<u>차를 안전하게 운전하는 것은</u> 좋다.**'

무엇이 좋습니까?
'운전하는 동작' 모두가 좋은 것이 아닙니다. **무엇을** 운전하느냐면 '차를 운전하는 것'이고, 그것도 **어떻게** 운전하느냐면 '안전하게 운전하는 것'입니다. 그래서 주어는 '운전하는 것은'이 아니라 '**<u>차를 안전하게 운전하는 것은</u>**'입니다.

1단어인 동사 '운전하다'의 모양을 바꾸기 위해서 '-것'을 붙인 것이 아닙니다.

'목적어(차를)'가 딸려 있고 '부사(안전하게)'라는 장식품이 붙어있는 **차를 안전하게 운전하다**'의 모양을 바꾸기 위해서입니다. 그래서 '차를 안전하게 운전하다'는 함께 다닙니다.

Drive a car carefully is good
차를 안전하게 운전하다는 좋다

^Driving a car carefully ˅is \good
^To drive a car carefully ˅is \good
^차를 안전하게 운전하는 것은 ˅이다 \좋은

ⓐ Driving a car carefully is good

Driving	운전하다

ing는 동사(drive 운전하다)의 모양을 바꾼다는 정보를 줍니다.

driving   운전하는 것

그런데 '운전하는 것은' 하고 '-은, -는'을 붙일 수가 없습니다.

Driving ^a car	운전하다 ^차를

'drive (운전하다)'는 동사입니다.

동사가 등장하면 제일 먼저 떠올려야 하는 것이 있습니다.

'동사는 대장이다'는 원칙입니다.

'drive (운전하다)'는 **목적어**(a car 차)를 이끕니다.

그래서 '˅drive ^a car (˅운전하다 ^차를)'은 함께 다닙니다.

Driving a car /carefully	운전하다 ^차를 /안전하게

'carefully (안전하게)'가 **어떻게 운전하는지**를 알려주므로
'drive ^a car /carefully (운전하다 ^차를 /안전하게)'는 함께 다닙니다.

ing는 동사의 모양을 바꾼다는 정보원입니다.
단순히 '동사(drive 운전하다)'의 모양을 바꾼 것이 아닙니다. 'drive a car carefully (차를 안전하게 운전하다)'의 모양을 바꾼 것입니다.

^Driving a car carefully ∨is	^차를 안전하게 운전하는 것은

뒤이어 등장하는 '-다' 소리가 나는 'is(-이다)'를 보는 순간,
'driving a car carefully' 전체가 '주어'라는 것을 알고 '차를 안전하게 운전하는 것은'하고 '-은, -는'을 붙입니다.

주어는
'driving'이 아니라
'<u>driving a car carefully</u>'입니다.
동사(drive 운전하다)가 목적어(car 차를)을 결정해 주고, 부사(carefully 안전하게)라는 장식품을 달았기 때문에, 주어가 길어졌습니다.

길어진 주어의 끝이 어디까지인지를 알려주는 것이 바로 '-다' 소리가 나는 동사입니다.
'-다' 소리가 나는 'is(-이다)'가 주어(driving a car carefully)의 끝을 알려줍니다.   **(동사는 대장이다3)**

^Driving a car carefully ∨is \good
^아침에 달리는 것은 ∨이다 \좋은

'is(이다)' 다음의 'good(좋은)'을 보는 순간 'is'는 보어를 이끄는 동사라는 것을 발견합니다.

운전하다	drive
운전하**기**	driv**ing**
운전하는 **것**	**to** drive
차를 운전하다	drive a car
차를 운전하는 **것**	**to** drive a car
	driv**ing** a car
안전하게 운전하다	drive carefully
안전하게 운전하는 **것**	**to** drive carefully
	driv**ing** carefully
차를 안전하게 운전하다	drive a car carefully
차를 안전하게 운전하는 **것**	**to** drive a car carefully
	driv**ing** a car carefully

3. 달리기와 달리는 것

다음 단어들의 공통점은 무엇일까요?

teach 가르치다	teacher 선생
sell 팔다	seller 판매원
climb 등산하다	climber 등산가
swim 수영하다	swimmer 수영선수
run 달리다	runner 러너, 경주자

오케이. 한쪽은 '-다' 소리가 나는 동사 그룹(group)이고 또 한쪽은 동사의 오른쪽 부분에 '-er'을 붙여 **사람의 신분**을 나타내는 **1단어 명사**로 바꾼 것입니다.

그러면 다음 단어들의 공통점은 무엇일까요?

teach 가르치다	teaching 수업 (가르치기)
sell 팔다	selling 판매 (팔기)
climb 등산하다	climbing 등산 (오르기)
swim 수영하다	swimming 수영 (헤엄치기)
run 달리다	running 러닝, 달리기

한쪽은 '-다' 소리가 나는 동사 그룹(group)이고 또 한쪽은 그 동사의 <u>오른쪽 부분에</u> '-ing'을 붙여 각각의 동작에 대한 **이름**을 **1단어 명사**로 나타낸 것입니다.

'**Running** is good (**달리기**는 좋다)'에서
'running'은 '달리기'라는 1단어 명사입니다.
1단어 동사인 'run (달리다)'의 모양을 1단어 명사인 'running (달리기)'로 바꾼 것입니다.

그런데,
'**Running in the morning** is good
　　　　　(**아침에 달리는 것**은 좋다)'에서
'running'은 '**달리기**'**가 아닙니다.**
1단어 동사인 'run (달리다)'의 모양을 바꾼 것이 아니라
'run in the morning (아침에 달리다)'의 모양을 바꾼 것입니다.

'**running in the morning** (아침에 달리는 것)'의
'running'은 1단어 명사를 나타내는 '달리기'가 아니라, '**달리는 것**'**입니다.**
'running'은 '달리기'처럼 명사 소리를 가지고 태어난 1단어 **명사**이기도 하고,
'running'은 '달리는 것 (to run)'처럼 동사의 성질을 가지면서 모양만 명사로 바꾼 것(**동명사**)이기도 합니다.

Eating the fruit is good for our health
과일을 먹는 것은 건강에 좋다

Eating	'먹기'일까? '먹는 것'일까?

^Eating the fruit ∨is

동사는 대장입니다.

'eat(먹다)'는 목적어(fruit 과일)를 이끄는 동사이므로 'eat the fruit'은 함께 다닙니다.

1단어 동사인 'eat(먹다)'의 모양을 바꾼 것이 아닙니다.

'eat the fruit (과일을 먹다)'의 모양을 바꾼 것입니다.

그래서 'eating the fruit (과일을 먹는 것)'의

'eating'은 '먹기'가 아니라, **'먹는 것'**입니다.

^**Eating the fruit** ∨is \good / for our beauty
^**과일을 먹는 것은** ∨이다 \좋은 / 미용을 위해서

UNIT 14. 나는 달리*다*를 시작했다 : 명사구 (목적어)

'명사 모양 바꾸기'에서는, 명사의 모양을 바꿔주는 '**전치사**'를 배웠습니다. 앞 단원 '*달리다*는 좋다'에서는, 동사의 모양을 바꿔주는 'to'와 'ing'을 배웠습니다.

아빠: **명사**의 모양을 바꿔주는 '**전치사**'는 어디에 위치합니까?
아들: **명사의 왼쪽**입니다.
아빠: **동사**의 모양을 바꿔주는 'to'는 어디에 위치합니까?
아들: **동사의 왼쪽**입니다.
아빠: 왜 왼쪽에 위치합니까?
아들: 영어 순서가 '**주어˅동사**'이기 때문에, 대장인 **동사**가 있는 앞쪽(왼쪽)을 바라보기 때문입니다.
아빠: 빙고. 'ing'는 왜 **동사의 오른쪽**에 붙습니까?
아들: '달리기'처럼 1단어 형태를 만들기 위해서입니다.
아빠: 잘 했습니다.

이제부터 to가 동사(do 하다)의 모양을 바꾸는 형태를 '**to do**',
동사와 ing가 만나서 동사의 모양을 바꾸는 형태를 '**doing**'으로 나타내겠습니다.

'달리는 것'처럼 '**-것**' 소리가 나는 **명사**가 위치할 수 있는 곳은, 주어 자리뿐만 아니라 목적어, 보어 자리 그리고 전치사 다음의 자리도 가능합니다. 모두 명사가 위치할 수 있는 자리이기 때문입니다.

이제 'doing' 또는 'to do'가 목적어 자리, 보어 자리 그리고 전치사 다음 자리에서, '**-것**' 소리가 나는 명사의 역할(**명사구**)을 하는 것을 살펴보겠습니다.

1. 나는 *새벽에 달리다*를 시작했다

나는 달리기를 시작했다
나는 사과를 좋아하다

무엇을 시작했습니까?   **달리기**를 시작했습니다.
무엇을 좋아합니까?   **사과**를 좋아합니다.

나는 *새벽에 달리다*를 시작했다
나는 *사과를 먹다*를 좋아하다

무엇을 시작했습니까?   '새벽에 달리다'를... 이상해요
무엇을 좋아합니까?   '사과를 먹다'를... 이상한데...

아빠 : '새벽에 달리다'를 영어로 나타내보세요.
아들 : ∨run /at dawn
아빠 : '새벽에 달리는 것'을 영어로 나타내보세요.
아들 : running at dawn
아빠 : 나는 새벽에 달리는 것을 시작했다
아들 : ∧나는 ∨시작했다 ∧새벽에 달리는 것을
아빠 : '나는 새벽에 달리는 것을 시작했다'를 영어로 나타내세요.
아들 : I started **running at dawn**

'달리기를'과 '사과를'처럼, 우리말 '-을, -를'이 붙는 **목적어** 자리에 위치 할 수 있는 것은 '무엇'에 해당하는 **명사**(달리기, 사과)입니다.

그런데 '**달리다**'와 '**먹다**'는 명사가 아니라 **동사**이므로 동사(달리다, 먹다)의 모양을 명사로 바꿔야 합니다. 우리말에서는 동사(달리다, 먹다)에 '-기, -것'을 붙여 **명사**(달리기, **달리는 것**, 먹기, **먹는 것**)으로 바꿉니다. 영어에서도 동사의 모양을 명사로 바꾸는 방법이 있습니다. 뭘까요?

맞습니다. 'doing' 또는 'to do'입니다.

다음 예문에서 이상한 점을 찾아서 고쳐 보세요.

I ∨started ^running	나는 ∨시작했다 ^달리기를
I ∨like ^the apple	나는 ∨좋아하다 ^사과를
I started *run at dawn*	나는 *새벽에 달리다를* 시작했다
I like *eat the apple*	나는 *사과를 먹다를* 좋아하다

⇓

I ∨started ^<u>running at dawn</u>	나는 ∨시작했다
I ∨started ^<u>to run at dawn</u>	^새벽에 달리는 것을
I ∨like ^<u>eating the apple</u>	나는 ∨좋아하다
I ∨like ^<u>to eat the apple</u>	^사과를 먹는 것을

 I started to run at dawn

I ∨started	나는 시작했다

start(시작하다)는 목적어를 이끄는 동사입니다.

> I ∨started ^**to run at dawn**
> 나는 시작했다 ^**새벽에 달리는 것을**

목적어 자리에 위치한 'to run'을 보는 순간, '-다' 소리가 나지 않고, '-것' 소리가 난다는 것을 압니다.
그런데 'run (달리다)'의 모양을 바꾼 것이 아니라
'∨run /at dawn (∨달리다 /새벽에)'의 모양을 바꾼 것입니다.
부사구 'at dawn (새벽에)'가 **언제 달리는지**를 알려주므로 'run at dawn (새벽에 달리다)'는 함께 다닙니다.
그래서 'start (시작하다)'의 목적어는 '<u>to run at dawn</u> (새벽에 달리는 것을)' 입니다.

UNIT 14. 나는 달리*다*를 시작했다 : 명사구 (목적어)   **137**

정리합니다.

여기서 'at dawn (새벽에)'는 'run (달리다)'를 꾸미는 부사구입니다.

다시 말해, **'at dawn (새벽에)'**라는 부사구는 **'run (달리다)'의 장식품**입니다. 'start (시작하다)'의 장식품이 아닙니다.

그래서 'start (시작하다)'의 목적어는 'to run at dawn (새벽에 달리는 것을)'입니다. 'to run (달리는 것을)'이 아닙니다.

동사는 대장입니다.

'run (달리다)'는 'at dawn (새벽에)'의 대장입니다.

'start (시작하다)'는 'to run at dawn (새벽에 달리는 것을)'의 대장입니다.

ⓑ **I like eating the apple**

I ˅like	나는 ˅좋아하다

like(좋아하다). 좋아하려면 사랑의 화살이 날아갈 상대가 있어야 하므로 'like (좋아하다)'는 목적어를 이끄는 동사입니다.

I like ^eating the apple
나는 좋아하다 ^사과를 먹는 것을

목적어 자리에 위치한 'eating'을 보는 순간, '-다' 소리가 나지 않고, '-것' 소리가 난다는 것을 압니다.

그런데 '나는 좋아하다 먹는 것을' 하고 목적어를 나타내는 '-을, -를'을 붙일 수 없습니다 eating은 모양만 명사일 뿐이고 동사의 성질을 가지고 있기 때문입니다.

동사(eat 먹다)가 등장하면 본능적으로 해야 할 것이 있습니다.

like(좋아하다)에서 벌써 **'동사는 대장이다'**를 떠올렸지만, 'eat (먹다)'에서도 또한 **'동사는 대장이다'**를 떠올려야 합니다.

'eat (먹다)'는 목적어(apple 사과)를 이끄는 동사입니다.

eating은 'eat (먹다)'의 모양을 바꾼 것이 아니라, '˅eat ^the apple (˅먹다

^사과를)'의 모양을 바꾼 것입니다.

그래서 'like (좋아하다)'의 목적어는 '<u>eating the apple</u> (사과를 먹는 것을)'입니다. 'eating (먹는 것을)'이 아닙니다.

정리합니다.

'apple (사과를)'은 'eat (먹다)'의 목적어입니다.

'apple (사과를)'은 'start (시작하다)'의 목적어가 아닙니다.

동사는 대장입니다.

'eat (먹다)'는 'apple (사과를)'의 대장입니다.

'start (시작하다)'는 'eating the apple (사과를 먹는 것을)'의 대장입니다.

2. '동사는 대장이다1'의 반복성

(1) I start reading comic books

I start reading comic books	
I ∨start	나는 ∨시작하다

아빠: 나는 무엇을 시작했습니까?
아들: 'reading (읽기)'을 시작했습니다.
아빠: **무엇을** 읽습니까?
아들: 'comic books **(만화책을)**' 읽습니다.
아빠: 나는 **무엇을** 시작했습니까?
아들: 'reading comic books **(만화책 읽는 것을)**' 시작했습니다.

아빠 : 'start (시작하다)'는 목적어를 이끄는 동사입니다.
　　　'start'의 목적어는 'reading (읽기를)'이 아닙니다.
　　　무엇입니까?
아들: 'reading comic books (만화책을 읽는 것을)'입니다.
아빠: 왜요?

동사는 대장이기 때문입니다.
'read (읽다)'는 'comic books (만화책을)'의 대장입니다.
'start (시작하다)'는 'reading comic books (만화책 읽는 것을)'의 대장입니다.

> I start ^reading comic books
> 나는 시작하다 ^만화책을 읽는 것을

정리합니다.
'comic books (만화책을)'은 'read (읽다)'의 목적어입니다.
'comic books (만화책을)'은 'start (시작하다)'의 목적어가 아닙니다.

(2) I like to start reading comic books

☞ 'like', 'to start', 'reading'의 공통점은?
각각 'like (좋아하다)', 'start (시작하다)', 'read (읽다)'처럼
동사의 성질을 가지고 있습니다.

☞ 'like', 'to start', 'reading'의 차이점은?
'like (좋아하다)'는 동사의 모양을 유지해 **'-다' 소리가 나지만**,
'to start (시작하는 것)'와 'reading (읽기)'는 동사의 모양을 바꾼 것이므로
'-다' 소리가 나지 않습니다.

I like to start reading comic books

like to start reading comic books
to start reading comic books
reading comic books

I like to start reading comic books	
I ˅like ^to start	나는 ˅좋아하다 ^시작하는 것

'like(좋아하다)'는 목적어를 이끄는 동사입니다.
목적어 자리에 위치한 'to start (시작하는 것)'을 보는 순간, 'start (시작하다)'의 '-다' 소리가 나지 않고, '-것' 소리가 난다는 것을 압니다.

그런데 '나는 좋아하다 <u>시작하는 것을</u>' 하고 'to start'에 목적어를 나타내는 '-을, -를'을 붙일 수 없습니다. 'start (시작하다)'는 동사이므로 목적어를 이 끌거나 부사의 꾸밈을 받을 수 있기 때문입니다.

start reading comic books	
˅start ^reading	˅시작하다 ^읽는 것

'start (시작하다)'는 동사입니다.
동사(start 시작하다)가 등장하면 본능적으로 해야 할 것이 있습니다. 바로 '**동사는 대장이다**'를 떠올려야 합니다.

'start (시작하다)'는 목적어를 이끄는 동사입니다.
목적어 자리에 위치한 'reading (읽는 것)'을 보는 순간, 'read (읽다)'의 '-다' 소리가 나지 않고, '-것' 소리가 난다는 것을 압니다.

그런데 '시작하다 <u>읽는 것을</u>' 하고 'reading'에 목적어를 나타내는 '-을, -를'을 붙일 수 없습니다. 이번에는 'read (읽다)'라는 동사 때문입니다.

reading comic books	
˅read ^comic books	˅읽다 ^만화책을

'read (읽다)'는 동사입니다.

동사(read 읽다)가 등장하면 무조건 해야 할 것이 있습니다. 바로 **'동사는 대장이다'**를 떠올려야 합니다.

'read (읽다)'는 목적어(comic books 만화책)을 이끄는 동사입니다. 그래서 'read comic books (만화책을 읽다)'는 함께 다닙니다.

^reading comic books	
^reading comic books	^만화책을 읽는 것

'reading'은

'˅read (읽다)'의 모양을 바꾼 것이 아니라

'˅read ^comic books (˅읽다 ^만화책을)'의 모양을 바꾼 것입니다.

˅start ^reading comic books	
^reading comic books	
˅시작하다 ^만화책을 읽는 것을	

'start (시작하다)'의 목적어는

'^reading (읽는 것을)'이 아니라,

'**^reading comic books** (만화책을 읽는 것을)'입니다.

I ˅like ^to start reading comic books	
^to start reading comic books	
˅좋아하다 ^만화책 읽기를 시작하는 것을	

'to start'는

'˅start (시작하다)'의 모양을 바꾼 것이 아니라

'˅start ^reading comic books (˅시작하다 ^만화책을 읽는 것을)'의 모양을 바꾼 것입니다.

그래서 'like (좋아하다)'의 목적어는
'^to start (시작하는 것을)'이 아니라
'^to start reading comic books (^만화책 읽기를 시작하는 것을)'입니다.

I like
나는   -을 하고 싶다
I like **to start**
나는   -을 시작하고 싶다
I like to start **reading**
나는   -을 읽는 것을 시작하고 싶다
I like to start **reading comic books**
나는 **만화책을 읽는 것을** 시작하고 싶다

정리합니다.
'comic books (만화책을)'은 'read (읽다)'의 목적어입니다.
'reading comic books (만화책 읽는 것을)'은 'start (시작하다)'의 목적어입니다.
'to start reading comic books (만화책 읽기를 시작하는 것을)'은 'like (좋아하다)'의 목적어입니다.

동사는 대장입니다.
'read (읽다)'는 'comic books (만화책을)'의 대장입니다.
'start (시작하다)'는 'reading comic books (만화책 읽는 것을)'의 대장입니다.
'like (좋아하다)'는 'to **start read**ing comic books (만화책 읽기를 시작하는 것을)'의 대장입니다.

'like(좋아하다)'는 **동사**이고, 'to **start**'와 '**read**ing'은 각각 'start(시작하다)', 'read(읽다)'라는 **동사**의 성질을 가지고 있습니다.
동사가 등장하는 순간 저절로 떠올려야하는 것이 있습니다.
무엇일까요?
바로 '**동사는 대장이다1**'이라는 원칙입니다. '**동사는 대장이다1**'이라는 원칙은 **동사가 등장할 때마다 계속 반복됩니다.**

'I **like**'에서 'like (좋아하다)'는 목적어를 이끄는 동사이고,

'I like to **start**'에서 'start (시작하다)'는 목적어를 이끄는 동사,

'I like to start **read**ing comic books'에서 'read (읽다)'는 목적어(books 책을)를 이끄는 동사입니다.

I like to start reading books	
I **like** <u>to start reading books</u>	like는 대장이다
to start reading books	
start <u>reading books</u>	start가 대장이다
reading books	
reading <u>books</u>	read가 대장이다

UNIT 15. 나의 취미는 달리*다*이다 : 명사구 (보어)

동사의 모양을 바꾼 'doing' 또는 'to do'가 주어, 목적어 자리에서 '-것' 소리가 나는 명사의 역할을 하는 것을 보았습니다.

이제 보어 자리에 위치한 'doing' 또는 'to do'를 살펴보겠습니다.

아빠: 나의 취미는 달리기이다
아들: ^나의 취미는 ˇ이다 ^달리기
아빠: 영어로 나타내보세요,
아들: ^My hobby ˇis ^running

아빠: 새벽에 달리다
아들: ˇ달리다 /새벽에
아빠: '새벽에 달리다'를 영어로 나타내면
아들: ˇrun /at dawn
아빠: '새벽에 달리는 것'을 영어로 나타내면
아들: **running at dawn**

아빠: 나의 취미는 새벽에 달리는 것이다
아들: ^나의 취미는 ˇ이다 ^**새벽에 달리는 것**
아빠: 빙고, 영어로 나타내면?
아들: ^My hobby ˇis ^**running at dawn**
아빠: 잘 했어요.

다음 예문에서 이상한 점을 찾아서 고쳐 보세요.

나의 취미는 달리기이다
나의 직업은 교사이다

나의 취미는 *새벽에 달리다* 이다
나의 직업은 *수학를 가르치다* 이다

⇒ '나의 취미는 **새벽에 달리는 것이다**'
　 '나의 직업은 **수학을 가르치는 것이다**'

'달리기**이다**', 교사**이다**'처럼 '-**이다**' 앞에 위치하는 자리에 **명사**(달리기, 교사)
가 올 수 있지만, 이때 '가르치다'와 '달리다'는 동사이므로 동사(가르치다, 달
리다)의 모양을 명사로 바꿔야 합니다. (UNIT 5 그녀는 학교이다? 참조)

다음 예문에서 이상한 점을 찾아서 고쳐 보세요.

My hobby is running　　　나의 취미는 달리기이다
My hobby is *run at dawn* 나의 취미는 *새벽에 달리다* 이다
⇓
My hobby is **running at dawn**
My hobby is **to run at dawn**
나의 취미는 **새벽에 달리는 것이다**

> My hobby is running at dawn

> My hobby ᵛis

'is (-이다)'는 보어를 이끄는 동사입니다.

> My hobby ᵛis ^running
> 나의 취미는 이다 ^달리는 것　(^ : 주어, **보어**, 목적어-명사)

보어 자리에 위치한 'running'을 보는 순간, '-다' 소리가 나지 않고, '-것' 소

리가 난다는 것을 압니다.

그런데 '나의 취미는 이다 달리는 *것*' 하고 명사를 나타내는 '-것'을 붙일 수 없습니다. **동사(run 달리다)가 등장하면 본능적으로 해야 할 것이 있습니다.** 동사가 등장하면 바로 '**동사는 대장이다1**'을 떠올려야 합니다.

'run (달리다)'는 보어 또는 목적어를 이끌지 않습니다.
'run (달리다)'는 'at dawn (새벽에)'라는 부사구의 대장입니다.
'running'은 'run (달리다)'의 모양을 바꾼 것이 아닙니다.
'running'은 'ᵛrun /at dawn (ᵛ달리다 /새벽에)'의 모양을 바꾼 것입니다.
그래서 'is (-이다)'는 보어는 '**running at dawn** (새벽에 달리는 것)'입니다.
동사는 대장입니다.
'run (달리다)'는 'at dawn (새벽에)'의 대장입니다.
'is (-이다)'는 'running at dawn (새벽에 달리는 것)'의 대장입니다.

My hobby ᵛis ^**running at dawn**
My hobby ᵛis ^**to run at dawn**
나의 취미는 ᵛ이다 ^**새벽에 달리는 것**

다음 예문에서 이상한 점을 찾아서 고쳐 보세요.

My job is a teacher   나의 직업은 교사이다
My job is *teach Math*   나의 직업은 수학을 *가르치다*이다

⇓

My job is **to teach Math**
My job is **teaching Math**   나의 직업은 **수학을 가르치는 것**이다

My job is to teach Math in school

My job ᵛis

'is (-이다)'는 보어를 이끄는 동사입니다.

```
My job ∨is ∧to teach
나의 직업은 ∨이다 ∧가르치는 것
```

보어 자리에 위치한 'to teach'를 보는 순간, '-다' 소리가 나지 않고, '-것' 소리가 난다는 것을 압니다.

그런데 '나의 직업은 이다 가르치는 *것* 하고 명사를 나타내는 '-것'을 붙일 수 없습니다.

'to teach'는 'teach (가르치다)'의 모양을 바꾼 것이 아닙니다.

```
∨teach ∧Math
∨가르치다 ∧수학을
```

동사(teach 가르치다)가 등장하면 **동사는 대장이다1**'을 떠올려야 합니다. 'teach (가르치다)'는 목적어(Math 수학)을 이끄는 동사입니다. 'to teach'는 '∨teach ∧Math (∨가르치다 ∧수학을)'의 모양을 바꾼 것입니다.

```
∨teach ∧Math /in school
∨가르치다 ∧수학을 /학교에서
```

어디서 가르치는지를 알 수 있으니, 부사구 'in school (학교에서)'는 'teach (가르치다)'를 꾸미는 장식품입니다. **(동사는 대장이다2)**

```
My job ∨is ∧to teach Math in school
나의 직업은 ∨이다 ∧학교에서 수학을 가르치는 것
```

'to teach'는 'teach (가르치다)'의 모양을 바꾼 것이 아닙니다.

'to teach'는 '∨teach ∧Math /in school (∨가르치다 ∧수학을 /학교에서)'의 모양을 바꾼 것입니다.

드디어 '나의 직업은 ∨이다 ∧학교에서 수학을 가르치는 *것*' 하고 명사를 나타내는 '-것'을 붙일 수 있습니다.

정리합니다.

'is (-이다)'의 보어는 'to teach (가르치는 것)'이 아닙니다.

'is (-이다)'의 보어는 'to teach Math in school (학교에서 수학을 가르치는 것)'입니다.

동사는 대장입니다.

'teach (가르치다)'는 목적어 'Math (수학을)' 이끄는 대장입니다.

'teach (가르치다)'는 부사구 'in school (학교에서)'의 대장입니다.

'is (-이다)'는 'to teach Math in school'의 대장입니다.

ⓐ My job ˅is ^to teach Math in school
ⓑ My job ˅is ^teaching Math in school
나의 직업은 ˅이다 ^학교에서 수학을 가르치는 것

UNIT 16. 달리는 중인 & 달릴 예정인: 형용사구(보어)

1. 나는 *달리는 것*이다 & 나는 달리는 중이다

아빠: 내 직업은 <u>수학을 가르치는 것</u>이다
아들: ^내 직업은 ˇ이다 ^<u>수학을 가르치는 것</u>
아빠: 나는 수학을 *가르치는 것*이다
아들: 말이 안 됩니다.
아빠: 나는 <u>수학을 가르치는 중</u>이다
아들: ^나는 ˇ이다 ^<u>수학을 가르치는 중인</u>
아빠: '나는 수학을 가르치는 중이다'를 영어로 나타내세요.
아들: I am ???
　　　'가르치는 중인'이 영어로 뭐죠? '
아빠: 'teaching'입니다.
아들: I am <u>teaching Math</u>
아빠: 잘 했습니다.

다음 예문에서 이상한 점을 찾아서 고쳐 보세요.

　　나의 직업은 수학을 가르치는 것이다
　　나는 *수학를 가르치는 것* 이다

　⇒ '나는 **수학을 가르치는 중**이다'

다음을 해석해 보세요.

　My job is **teaching Math**　나의 직업은 <u>수학을 가르치는 **것**</u>이다
　　I am　**teaching Math**　　　　나는 <u>수학을 가르치는 **중**</u>이다

> My job is teaching Math

> My job ⌄is ^teaching Math
> 나의 직업은 ⌄이다 ^수학을 가르치는 것

'teaching'은 'teach (가르치다)'의 모양을 바꾼 것이 아닙니다.

'teaching'은 '⌄teach ^Math (⌄가르치다 ^수학을)'의 모양을 바꾼 것입니다. (동사는 대장이다1)

'is (-이다)'의 보어는 'teaching Math'입니다.

'My job (나의 직업)'이 무엇이냐고 물으면

'teaching Math (수학을 가르치는 것)'이라고 말할 수 있으므로

'teaching Math (수학을 가르치는 것)'는 **'-것' 소리가 나는 명사구(^)**입니다. (UNIT 5 그녀는 학교이다? 참조)

> I am teaching Math

> I ⌄am

'am (-이다)'는 보어를 이끄는 동사입니다.

> I ⌄am \teaching Math
> 나는 ⌄이다 \수학을 가르치는 중인

'teaching'은 'teach (가르치다)'의 모양을 바꾼 것이 아닙니다.

'teaching'은 '⌄teach ^Math (⌄가르치다 ^수학을)'의 모양을 바꾼 것입니다, (동사는 대장이다1)

'is (-이다)'의 보어는 'teaching Math'입니다.

그런데 'teaching Math'를 '수학을 *가르치는 것*'이라고 하려는데, 말이 안 됩니다.

'I (나)'는 누구냐고 물으면

'teaching Math (수학을 가르치는 것)'이라고 말할 수 없습니다.

주어는 'I (나)'라는 사람인데, 사람에게 '-것'이라는 표현을 할 수 없기 때문입니다. (UNIT 5 그녀는 학교이다? 참조)

나의 직업은 수학을 가르치는 것이다
나의 직업 = ^수학을 가르치는 것

나는 수학 선생이다
나 = ^수학 선생

나는 *수학을 가르치는 것*이다
나 ≠ *수학을 가르치는 것*

'I am teaching Math'에서 'teaching'은 '-것' 소리가 나는 명사구(가르치는 것)로 바꿔서는 의미 전달이 되지 않습니다.

'doing'은 또 다른 역할도 합니다.

1) 'doing'의 ing는
   주어, 목적어, 보어 위치에 있는
   동사의 모양을 '-것' 소리가 나는 **명사**로 바꾸기도 하고
2) 'doing'의 ing는
   동사의 모양을 '-(하는) 중인', '-(하고 있는) 중인' 소리가 나는 **형용사**로
   바꾸는 역할도 합니다.

I ˇam \teaching
나는 ˇ이다 \가르치는 중인

'teaching'을 보는 순간 동사(teach 가르치다)의 모양을 바꾼 것은 맞는데, 그 의미는 '가르치는 것이다'일까? '가르치는 중이다'일까?

빙고. '나는 가르치는 중이다'

I ˇam \teaching Math
나는 ˇ이다 \수학을 가르치는 중인

'teaching'은 'teach (가르치다)'의 모양을 바꾼 것이 아닙니다.

'teaching'은 'ˇteach ^Math (ˇ가르치다 ^수학을)'의 모양을 바꾼 것입니다.

'is (-이다)'의 보어는 '**teaching Math (수학을 가르치는 중인)**'입니다.

'**I (나)**'는 어떤 **상태**인지 물으면

'**teaching Math (수학을 가르치는 중인)**' 상태라고 말할 수 있으므로,

'teaching Math (수학을 가르치는 중인)'은 '-ㄴ' 소리가 나는 형용사구(\)입니다.

정리합니다.
'is(-이다)'의 **보어** 'teaching Math (수학을 가르치는 중인)'은
'-것' 소리가 나지 않습니다.
'-ㄴ' 소리가 나는 **형용사구(\)입니다.**

I am ^*teaching Math*	나는 *수학을 가르치는 것*이다	X
I am \teaching Math	나는 **수학을 가르치는 중**이다	O

He is running at dawn

He ∨is

'is (-이다)'는 보어를 이끄는 동사입니다.

He ∨is \running	그는 이다 \달리는 중인

'running'을 보는 순간 동사(run 달리다)의 모양을 바꾼 것은 맞는데, 그 의미는 '달리는 것이다'일까? '달리는 중이다' 일까?
빙고. '그는 달리는 중이다'

He ∨is \running at dawn
그는 ∨이다 \새벽에 달리는 중인

'is (-이다)'의 보어 자리에 위치한 'running'을 보는 순간, '-다' 소리가 나지 않고 '-ㄴ' 소리가 난다는 것을 압니다.
'running'은 'run (달리다)'의 모양을 바꾼 것이 아니라,
'∨run /at dawn (∨달리다 /새벽에)'의 모양을 바꾼 것입니다.

그래서 'is (-이다)'의 보어는 '**running at dawn** (새벽에 달리는 중인)'입니다.

He is ^*running at dawn*	그는 *새벽에 달리는 것*이다	X
He is \running at dawn	그는 **새벽에 달리는 중**이다	O

2. 그는 *내일 달리는 중이다* & 그는 내일 달릴 예정이다

아빠 : 그의 취미는 달리기이다
아들 : ^그의 취미는 ˅이다 ^달리기
아빠 : 그는 <u>새벽에 달리는 중이다.</u>
아들 : ^그는 ˅이다 \<u>새벽에 달리는 중인</u>
아빠 : 그는 *내일 달리는 중이다*
아들 : 말이 안 됩니다.
아빠 : 그는 내일 달릴 <u>예정이다.</u>
아들 : ^그는 ˅이다 **내일 달릴 예정인**
아빠 : '그는 **내일 달릴 예정**이다'를 영어로 나타내세요.
아들 : He is ???
　　　'달릴 예정인'이 영어로 뭐죠?
아빠 : 'to run'입니다.
아들 : He is **to run tomorrow**
아빠 : 빙고.

다음 예문에서 이상한 점을 찾아서 고쳐 보세요.

　그의 취미는 달리는 것이다
　그는 새벽에 달리는 중이다
　그는 *내일 달리는 중*이다.

　⇒ '그는 **내일 달릴 예정**이다'

다음을 해석해 보세요.

His hobby is **to run**   그의 취미는 <u>달리는 것이다</u>
He is **running at dawn**   그는 <u>새벽에 달리는 중이다</u>
He is **to run tomorrow**   그는 <u>내일 달릴 예정이다</u>

His hobby is to run

His hobby ˅is ˄to run   그의 취미는 ˅이다 ˄달리는 것

'is (-이다)'는 보어(to run)를 이끄는 동사입니다.
'is (-이다)'의 보어 자리에 위치한 'to run (달리는 것)'을 보는 순간, '-다' 소리가 나지 않고 '-것' 소리가 난다는 것을 압니다.

He is running at dawn

He ˅is \running at dawn 그는 ˅이다 \새벽에 달리는 중인

'is (-이다)'는 보어를 이끄는 동사입니다.
'is (-이다)'의 보어 자리에 위치한 'running at dawn (새벽에 달리는 중인)'을 보는 순간, '-다' 소리도 '-것' 소리'도 아닌, -ㄴ 소리가 난다는 것을 압니다.
주어는 'He (그)'라는 사람인데, 사람에게 '-것'이라는 표현을 할 수 없기 때문입니다. (UNIT 5 그녀는 학교이다? 참조)

He is to run tomorrow

He ˅is

'is (-이다)'는 보어를 이끄는 동사입니다.

He ˅is \to run	그는 ˅이다 \

'to run'을 보는 순간 동사(run 달리다)의 모양을 바꾼 것은 맞는데, 그 의미는 '달리는 것이다'일까? '달리는 중이다' 일까?

'He (그)'는 누구냐고 물으면
'to run (달리는 것)'이라고 말할 수 없습니다.
주어는 'He (그)'라는 사람인데, 사람에게 '-것'이라는 표현을 할 수 없기 때문입니다.　　　　　(UNIT 5 그녀는 학교이다? 참조)

그 ≠ *달리는 것*
동사의 모양을 '-것' 소리가 나는 명사(달리는 것)으로 바꿔서는 의미 전달이 되지 않습니다.

He ˅is \to run tomorrow
그는 ˅이다 \내일 달릴 예정인

'to run'은 'run (달리다)'의 모양을 바꾼 것이 아니라,
'˅run /tomorrow (˅달리다 /내일)'의 모양을 바꾼 것입니다.

그런데 '*내일 달리는 중이다*'라고 말할 수 없습니다.
동사의 모양을 '-중인' 소리가 나는 형용사(달리는 중인)로 바꿔서는 의미 전달이 되지 않습니다. 미래를 나타내는 '내일'이라는 단어와 계속을 나타내는 '-중인'은 어울리지 않기 때문입니다.

'to do'는 또 다른 역할도 합니다.
1) 'to do'의 to는
　　주어, 목적어, 보어 위치에 있는
　　동사의 모양을 '-것' 소리가 나는 **명사**로 바꾸기도 하고,
2) 'to do'의 to는
　　동사의 모양을 '(미래에) **-할 예정인**' 소리가 나는 **형용사**로
　　바꾸는 역할도 합니다.

He ˅is \to run
그는 이다 \달릴 예정인

'to run'을 보는 순간 동사(run 달리다)의 모양을 바꾼 것은 맞는데, 그 의미는 '달리는 것이다'일까? '달릴 예정이다' 일까?

빙고. '그는 달릴 예정이다'

'to run (달릴 예정인)'은 '**ㄴ'소리가 나는 형용사의 역할**을 합니다.

He is \to run tomorrow
그는 이다 \새벽에 달릴 예정인

'to run'은 동사(run 달리다)의 모양을 바꾼 것이 아닙니다.

'to run'은 '˅run /tomorrow (˅달리다 /내일)'의 모양을 바꾼 것입니다. 'is (-이다)'의 '**보어**'는 '**to run tomorrow (내일 달릴 예정인)**'입니다.

'**He (그)'는 어떤 상태**인지 물으면

'**to run tomorrow (내일 달릴 예정인)**' 상태라고 말할 수 있으므로 'to run tomorrow (내일 달릴 예정인)'은 '**-ㄴ' 소리가 나는 형용사구(\)**입니다.

정리합니다.

'is(-이다)'의 **보어** 'to run tomorrow (**내일 달릴 예정인**)'은

'-것' 소리가 나지 않습니다.

'-ㄴ' 소리가 나는 **형용사구(\)입니다.**

He is ^*to run* tomorrow	그는 *내일 달리는 것*이다	X
He is \to run tomorrow	그는 **내일 달릴 예정**이다	O

We are to read books

We ˅are

'are (-이다)'는 보어를 이끄는 동사입니다.

We ˅are \to read books
우리는 ˅이다 \책을 읽을 예정인

'is (-이다)'의 보어 자리에 위치한 'to read (읽을 예정인)'을 보는 순간, '-다' 소리가 나지 않고 '-ㄴ' 소리가 난다는 것을 압니다.

'to read'는 'read (읽다)'의 모양을 바꾼 것이 아니라,

'˅read ^books (˅읽다 ^책을)'의 모양을 바꾼 것입니다.

그래서 'is (-이다)'의 보어는 'to read books (책을 읽을 예정인)'입니다.

We are ^to read books	우리는 책을 읽는 것이다	X
We are \to read books	우리는 책을 읽을 예정이다	O

UNIT 17. 달리*다* 소녀 : 형용사구 (꾸미기)

1. 'to do'형태

아빠 : 이상한 점을 찾아서 고쳐 보세요.

깜찍한 집	a tiny house
예쁜 집	a pretty house
깨끗한 집	a clean house
친절한 사람	a kind man
건강한 사람	a healthy man
달리다 사람	a *run* man

아들: **달리는** 사람
아빠: 오케이

'UNIT 7 꾸미기'에서 배웠듯이, 세상에 있는 수많은 '집'을 구분할 수 있게 해 주는 것은 '예쁜'과 같은 단어가 '집'을 **꾸미기** 때문입니다.
마찬가지로 세상에 있는 수많은 '사람'을 구분할 수 있게 해 주는 것도 '친절한'과 같은 단어가 '사람'을 **꾸미기** 때문입니다.

우리말의 경우, '어**떤** 집', '어**떤** 사람'처럼 명사(집, 사람)를 꾸밀 때 꾸미는 말 (예**쁜**, 진설**한**)의 형내를 '-ㄴ'모양이 붙는 말(관형어)로 바꾸어야하고(예쁘**다** →예**쁜**, 친절하**다**→친절**한**),
영어의 경우 '-ㄴ'모양을 가진 상태로 태어난 **형용사**(pretty-예쁜, kind-친절 한)가 명사를 꾸민다고 했습니다.

우리말의 경우,
'달리다 사람'에서 명사(사람)를 꾸미기 위해서 '달리다'의 모양을 '달리는 중**인** 사람', '달릴 예정**인** 사람'처럼 '**-ㄴ**모양'이 붙는 형태로 바꾸면 됩니다.

영어의 경우, '달리다 사람'에서 '달리다 (run)'의 모양을 무엇으로 바꿔야 할까요?

빙고. 명사(사람)를 꾸미는 것은 '-ㄴ' 소리가 나는 형용사 밖에 없으므로, 동사(달리다 run)의 모양을 형용사로 바꿔야 합니다.

'UNIT 16 달리는 중인 & 달릴 예정인'에서, 'doing'은 '- 하는 중인'을 나타내는 형용사이고, 'to do'는 '(미래에) -할 예정인'을 나타내는 형용사의 역할을 한다고 배웠습니다.

run	달리다	(동사)
running	달리는 중인	(형용사)
to run	달릴 예정인	(형용사구)

영어에서 형용사 'kind(친절한)'는 2가지 역할을 합니다.
- He ˅is \kind   그는 ˅이다 \친절한
- a kind man   친절한 사람

첫 째, 형용사 'kind(친절한)'는 동사(is -이다)의 보어로 쓰이고
둘 째, 형용사 'kind(친절한)'는 명사(man 사람)를 꾸밉니다.

마찬가지로, 동사(run)의 모양을 형용사로 바꾼 'running (달리는 중인)'과 형용사 역할을 하는 'to run (달릴 예정인)'도 2가지 역할을 합니다.

ⓐ He ˅is \running	그녀는 ˅이다 \달리는 중인	보어
ⓑ He ˅is \to run	그녀는 ˅이다 \달릴 예정인	
ⓒ a running man	달리는 중인 사람	꾸미기
ⓓ a man \to run	사람 \달릴 예정인	

첫째, ⓐ와 ⓑ처럼 동사(is -이다)의 보어로 쓰이기도 하고
둘째, ⓒ와 ⓓ처럼 명사(man 사람)를 꾸미기도 합니다.

©와 ⓓ의 차이점은 무엇일까요?

©의 'running (달리는 중인)'은 **앞에 위치해서** 꾸미고, ⓓ의 'to run (달릴 예정인)'은 **뒤에 위치해서** 꾸밉니다.

 왜 그럴까요?

©에서 'running (달리는 중인)'은 1단어 **형용사**입니다. 'kind (착한)', 'healthy (건강한)'처럼 '-ㄴ' 소리를 가지고 태어난 1단어 **형용사**이기 때문에 **앞에 위치해서** 꾸밉니다. ('꾸미기원칙1' 참조)

a **kind** man (친절한 사람)   a **healthy** house (건강한 집)

a running man (달리는 사람)

그런데 ⓓ 에서 'to run'이 명사(man 사람)를 꾸밀 때 **뒤에 위치해서** 꾸미는 것에 주의해야 합니다.

a man **to run**	사람 \달릴 예정인	O	꾸미기
a *to run* man	*달릴 예정인* 사람	X	

꾸미기원칙2 : 2개 이상의 품사가 모여 **꾸미는 성질**을 가지면 꾸밈을 받는 말 **뒤에 위치해서** 꾸민다.   (UNIT 9-5 꾸미기원칙2 참조)

to + run (달리다) = to run (달릴 예정인)

a **kind** man   **친절한** 사람
a **healthy** man   **건강한** 사람
a man \on the playground   사람 \운동장 위에 있는
a man \in the car   사람 \차 안에 있는
a man \to run   사람 \달릴 예정인

'kind (친절한)', 'healthy (건강한)'은 '-ㄴ' 소리를 가지고 태어난 '1단어 **형용사**'이므로 '꾸미기원칙1'에 따라서 **앞에서 꾸미고**,

'on the playground', 'in the car', 'to run'은 **여러 품사들이 모여** '-ㄴ' 소리를 내는 '형용사구'이므로 '꾸미기원칙2'에 따라서 **뒤에서 꾸밉니다.**

전치사		명사		형용사구 : 부사구
on	+	playground	=	on the playground
in		car		in the car

to		동사		명사구 : 형용사구 : 부사구
to	+	run	=	to run

'명사 모양 바꾸기'에서 배웠듯이, 명사의 모양을 바꾼 'on the playground
(운동장 위의)'와 'in the car (차 안의)'가 '꾸미기원칙2'를 따르는 것처럼
동사의 모양을 바꾼 'to run (달릴 예정인)'도 '꾸미기원칙2'를 따라서 꾸밈을
받는 말(man 사람)의 뒤에서 꾸밉니다.

꾸미기원칙2

2개 이상의 품사가 모여 **꾸미는 성질**을 가지면 **뒤에 위치**해서 꾸민다.

- on(**전치사**, -위) + the playground (**명사**, 운동장)
- in(**전치사**, -안) + the car (**명사**, 차)
- to(**to**, -할 예정인) + run(**동사**, 달리다)

전치사와 명사가 모여서 형용사의 역할을 하는 형용사구가 되기도 하고 부사의
역할을 하는 부사구가 되기도 하는 것처럼,

동사의 모양을 바꾼 'to do'는 'to + 동사'가 모여서
'-것' 소리가 나는 명사구 또는 **'-ㄴ' 소리가 나는 형용사구**가 되기도 하고 또
다음에 배울 **부사구**가 되기도 합니다. (UNIT 19 동사모양 바꾸기 - 부사구)

to run : 명사구		
^**To run** is good	^<u>달리는 것</u>은 좋다	주어
His hobby is ^**to run**	그의 취미는 ^<u>달리는 것</u>이다	보어
He begins ^**to run**	그는 ^<u>달리는 것</u>을 시작하다	목적어

to run : 형용사구		
He is **to run**	그는 이다 \\달릴 예정인	보어
He is ^the man **to run**	그가 **달릴 예정인** 사람이다	
the man **to run**	사람 **달릴 예정인**	꾸미기

2. 'doing'형태

 이상한 점을 찾아서 고쳐 보세요.

a kind man	친절한 사람
a healthy man	건강한 사람
a *run* man	*달리다* 사람

⇓

a **running** man	**달리는 중인** 사람
a man **to run**	사람 **달릴 예정인**

아빠 : 다음 예문들의 공통점과 차이점을 찾아보세요.

ⓐ **Running in the morning** is good **아침에 달리는 것은** 좋다	명사구 (주어)
ⓑ I begin **running in the morning** 나는 **아침에 달리는 것을** 시작하다	명사구 (목적어)
ⓒ My hobby is **running in the morning** 나의 취미는 **아침에 달리는 것이다**	명사구 (보어)
ⓓ I am **running in the morning** 나는 **아침에 달리는 중이다**	형용사구 (보어)

아들: (생각하는 중...)

　　공통점은 모두 'running in the morning'을 포함하고 있습니다.

　　차이점은 각각 'running in the morning'의 <u>위치가 다릅니다</u>.

아빠: 빙고.

running in the morning

'run (달리다)'는 동사입니다. (**동사는 대장이다**1)

'run (달리다)'는 '**달리는 화면**'이 보이는 동사입니다.

보어 또는 목적어를 필요로 하지 않습니다.

아직 말이 끝나지 않고 길어집니다. (**동사는 대장이다**2)

언제 달리냐고 물으면 '**아침에 달리다**'고 말할 수 있습니다.

'ᵛrun /in the morning (ᵛ달리다 /아침에)'는 함께 다닙니다.
'run (달리다)'는 'in the morning (아침에)'의 대장입니다.
'running'은 'run (달리다)'의 모양을 바꾼 것이 아닙니다.
'running'은 'run in the morning (아침에 달리다)'의 모양을 바꾼 것입니다.

ⓐ Running in the morning ᵛis good
'running in the morning' 다음에 등장하는 **동사(is 이다)**를 발견하자마자,
'**running in the morning (아침에 달리는 것은)**'이 주어라는 것을 알고 '-은'
을 붙입니다. (**동사는 대장이다3**)

ⓑ I ᵛbegin running in the morning
'begin (시작하다)'을 통해 '**running in the morning (아침에 달리는 것을)**'
이 목적어라는 것을 압니다. (**동사는 대장이다1**)

ⓒ ^My hobby ᵛis running in the morning
에서 '^My hobby ᵛis (^나의 취미는 ᵛ이다)'를 통해 '**running in the**
morning (아침에 달리는 것)'은 '-것' 소리가 나는 보어임을 압니다.
(**동사는 대장이다1**)

ⓓ ^I ᵛam running in the morning
에서 'I ᵛam (^나는 ᵛ이다)'를 통해 '**running in the morning (아침에 달리**
는 중인)'은 '-ㄴ' 소리가 나는 보어임을 압니다. (**동사는 대장이다1**)

ⓐ^ Running in the morning ᵛis good ^**아침에 달리는 것은** ᵛ이다 좋은	명사구 (주어)
ⓑI ᵛbegin ^ running in the morning 나는 ᵛ시작하다 ^**아침에 달리는 것을**	명사구 (목적어)
ⓒMy hobby ᵛis ^ running in the morning 나의 취미는 ᵛ이다 ^**아침에 달리는 것**	명사구 (보어)
ⓓI ᵛam \ running in the morning 나는 ᵛ이다 **아침에 달리는 중인**	형용사구 (보어)

ⓐ ⓑ ⓒ의 'running in the morning'은 '-것' 소리가 납니다.

ⓓ의 'running in the morning'은 '-중인' 소리가 나는 **형용사구**입니다.
그런데 형용사구는 ⓓ처럼 **동사의 보어**로 쓰이기도 하지만 또 한 가지 역할이
더 있었습니다. 뭐였죠?
오케이. **명사 꾸미기**입니다.

'*a run man (달리다 사람)*'의 올바른 표현은
'a **running** man (달리는 중인 사람)'입니다.

그러면 '**아침에 달리는 중인 사람**'을 영어로 나타내면 다음 ⓔ와 ⓕ중에서 어
느 것이 옳을까요?

ⓔ the man **running in the morning**	O	형용사 역할 (꾸미기)	
ⓕ the *running in the morning* man	X		

오케이 ⓔ가 옳습니다.

ⓔ the man \	running in the morning	형용사구
사람 \아침에 달리는 중인		(꾸미기)
ⓕ the	*running in the morning*	man (X)

'running'은 'run (달리다)'의 모양을 바꾼 것이 아닙니다.
'running'은 'run + in the morning (달리다 + 아침에)'의 모양을 바꾼 것
입니다.

꾸미기원칙2
2개 이상의 품사가 모여 **꾸미는 성질**을 가지면 꾸밈을 받는 말 **뒤에 위치**해서 꾸
민다.
즉, 2개 이상의 품사가 모여 **형용사구 또는 부사구**가 되면, **뒤에 위치**해서
앞으로 꾸민다.
    in(-안에)+the morning(아침)=부사구
<u>run**ning**</u> (달리는**중인**) + in the morning (아침에**)**=형용사구

'running'과 'to run'이 명사를 꾸밀 때의 위치는, 꾸밈을 받는 명사(man 사람)를 기준으로 다음과 같습니다.

the **running** man	달리는 중인 사람
the man **running in the morning**	사람\\아침에 달리는 중인
the man **to run**	사람\\달릴 예정인
the man **to run in the morning**	사람\\아침에 달릴 예정인

'running'은 '-ㄴ' 소리를 가지고 태어난 1단어 **형용사**이므로 '꾸미기원칙1'에 의해서 <u>앞에 위치</u>해서 꾸미고,

'running in the morning'은 'run in the morning (아침에 달리다)'의 모양을 '-ㄴ' 소리가 나게끔 바꾼 **형용사구**이므로 '꾸미기원칙2'를 따르므로 <u>뒤에 위치</u>해서 꾸밉니다.

'to run '은 'run (달리다)'의 모양을 '-ㄴ' 소리가 나게끔,
'to run in the morning'은 'run in the morning (아침에 달리다)'의 모양을 '-ㄴ' 소리가 나게끔 바꾼 **형용사구**이므로 '꾸미기원칙2'를 따릅니다.
다음을 해석해 보세요.

> I like the girl studying English on the bench

> I ˅like ^**the girl**
> 나는 ˅좋아하다 ^**소녀를**

동사는 대장이다1
동사 'like (좋아하다)'가 목적어(girl 소녀)를 결정했습니다.
그런데 말이 끝나지 않고 문장이 길어집니다.

> I ˅like ^**the girl** **studying English on the bench**
> 나는 ˅좋아하다 ^**소녀를** **공부하는 중인**

'studying'은 '-것' 소리가 나지 않습니다.
동사는 대장이다2
'-ㄴ' 소리가 나는 형용사(구) 또는 부사(구)가 등장할 순서이기 때문입니다.

어떤 소녀입니까? 'studying (공부하는 중인)' 소녀입니다.

'studying'는 'study (공부하다)'의 모양을 바꾼 것이 아닙니다.

'ⱽstudy ^English (ⱽ공부하다 ^영어를)'의 모양을 바꾼 것입니다.

그런데 말이 끝나지 않고 문장이 길어집니다.

ⱽstudy ^English /on the bench
ⱽ공부하다 ^영어를 /벤치에서

동사는 대장이다2가 생각나야 합니다.

형용사(구 \) 또는 부사(구 /)가 등장할 순서이기 때문입니다.

'on the bench'는 'on (-위에) +the bench (벤치)'입니다. 'on the bench (벤치 위에서)'는 **어디서 공부하는지**를 알려주기 때문에

'ⱽstudy ^English / on the bench (ⱽ공부하다 ^영어를 / 벤치에서)'는 함께 다닙니다.

'study (공부하다)'는 목적어 'English (영어)'를 이끄는 대장입니다.

'study (공부하다)'는 부사구 'on the bench (벤치에서)'의 대장입니다.

I ⱽlike ^the girl \studying English on the bench
나는 ⱽ좋아하다 ^소녀를 \벤치에서 영어를 공부하는 중인

'studying English on the bench'는

'study (공부하다)'의 모양을 바꾼 것이 아닙니다.

'study English (영어를 공부하다)'의 모양을 바꾼 것도 아닙니다.

'study English on the bench (벤치에서 영어를 공부하다)'의 모양을 바꾼 것입니다.

'like (좋아하다)'의 목적어는 'the girl (소녀)'입니다. 소녀인데 어떤 소녀입니까?

'girl (소녀)' **뒤에** 'studying English on the bench (벤치에서 영어를 공부하는 중인)'이라는 장식품이 붙어, **'girl (소녀)'를 꾸밉니다.**

'like (좋아하다)'의 목적어는 **장식품(studying English on the bench)을 달고 있는 'girl (소녀)'**입니다.

'like (좋아하다)'의 목적어는 '^the girl\studying English on the bench (벤치에서 영어를 공부하는 중인 소녀)'입니다.

3. The man <u>running</u> ... & The man <u>is running</u>

> ⓐ The **man** <u>running</u> on the playground is my brother
> ⓑ The **man** <u>is running</u> on the playground

위 두 예문을 해석해 보라고 하면, 많은 학생들이 ⓐ의 'running'과 ⓑ의 'is running' 모두를 '달리는 중이다'하고 '-다'를 붙입니다. 어느 경우에만 '달리는 중이다'하고 해석할 수 있습니까?

빙고. ⓑ의 'is running'입니다. running은 동사(run 달리다)의 모양을 형용사(달리는 중인)로 바꾼 것이므로 '-다'소리가 나지 않습니다. '-다' 소리를 내는 것은 바로 'is (이다)'라는 동사입니다.

> ⓐ **The man running on the playground is my brother**

^The man	^그 사람

'사람<u>은</u>'하고 '-은(는)'을 붙일 수 없습니다. 영어 순서는 주어ˇ동사인데, 주어(man 사람) 다음에, **동사의 모양을 바꾼 'running'**이 뒤따르기 때문입니다.

> ^The man \running on the playground
> ^그 사람 \운동장에서 달리는 중인

'running'은 '-것' 소리가 나지 않습니다.
주어가 아니기 때문입니다.
'running'은 '-ㄴ' 소리가 납니다.
'man (사람)'이라는 **명사(^)와 친한 것은 '-ㄴ' 소리가 나는 형용사(\)**이기 때문입니다.
'running on the playground (운동장에서 달리는 중인)'은
'run (달리다)'의 모양을 바꾼 것이 아닙니다.
'ˇrun /on the playground (ˇ달리다 /운동장에서)'의 모양을 바꾼 것입니다.
(꾸미기원칙2)

> The man running on the playground ⌄is my brother
> 운동장에서 달리는 사람은 ⌄이다 내 동생

드디어 동사(is)의 등장으로 주어(man 사람은)'에 '-은'을 붙일 수 있습니다. 장식품 'running on the playground (운동장에서 달리는 중인)'이 붙어서 길어진 주어(man 사람은)'의 끝을 알려주는 것이 바로 동사(is)이기 때문입니다. **(동사는 대장이다3)**

> ^The man running on the playground ⌄is ^my brother
> 운동장에서 달리는 **사람은** 내 동생이다

'is (이다)'는 보어(brother 동생)를 결정하는 동사입니다. **(동사는 대장이다2)**

> ⓑ **The man is running on the playground**

> ^The man ⌄is   ^그 사람은 ⌄이다

동사(⌄is)의 등장으로 'man (사람은)'하고 '-은(는)'을 붙여 주어임을 나타냅니다.

> ^The man ⌄is **running   on the playground**
> ^그 사람은 ⌄이다 **운동장에서달리는 중인**

'is (이다)'는 보어(running 달리는 중인)를 이끄는 동사입니다.
'running'은 '⌄run /on the playground (⌄달리다 /운동장에서)'의 모양을 바꾼 것입니다. **(동사는 대장이다1)**
'is (이다)'는 'running on the playground (운동장에서 달리는 중인)'의 대장입니다.

> ^The man ⌄is \\running on the playground
> **그 사람은 운동장에서 달리는 중이다**

이제 두 예문을 정리해보면,

@ The man \running on the playground ⌄is my brother
ⓑ The man ⌄is \running on the playground

ⓐ 어떤 사람입니까? 'running (달리는 중인)' 사람입니다.
'running'은 'man 사람'을 꾸미는 **형용사 역할**(달리는 중인)을 하므로 '-다'소리가 나지 않습니다.

ⓑ 사람이 어떤 상태입니까? 'running (달리는 중인)' 상태입니다.
'running'은 동사(is 이다)의 보어로 쓰인 **형용사 역할**(달리는 중인)을 하므로 '-다'소리가 나지 않습니다.

ⓑ에서 '달리는 중이다'하고 '-다'소리가 나는 것은 바로
'is running'의 동사 **'is (이다)'**때문입니다.

UNIT 18. 부사 (동사의 장식품)

1. 언제, 어디서, 왜 & 어떻게

 '나는 아침에 공원에서 운동하기 위해서 빠르게 달리다'

아빠: **언제** 달립니까?
아들: 아침에 달립니다.
아빠: **어디서** 달립니까?
아들: 공원에서 달립니다.
아빠: 어떻게 달립니까?
아들: 빠르게 달립니다.
아빠: **왜** 달립니까?
아들: 운동하기 위해서 달립니다.

우리말의 육하원칙에서 '언제', '어디서', '어떻게', '왜'에 해당하는 부사는, 모두 동사(달리다)의 **앞에 위치해서** 그 동사(달리다)를 꾸밉니다.

그런데,
육하원칙의 **'언제 (아침에)', '어디서 (공원에서)', '왜 (운동하기 위해서)'**에 해당하는 부사는 ⓑ, ⓒ, ⓓ처럼 **'문장 앞'**에 위치할 수 있지만,

> ⓐ 나는 아침에 공원에서 운동하기 위해서 빠르게 **달리다** (o)
> ⓑ **아침에,** 나는 공원에서 운동하기 위해서 빠르게 **달리다** (o)
> ⓒ **공원에서,** 나는 아침에 운동하기 위해서 빠르게 **달리다** (o)
> ⓓ **운동하기 위해서,** 나는 아침에 공원에서 빠르게 **달리다** (o)
> ⓔ *빠르게,* 나는 아침에 공원에서 운동하기 위해서 달리다 (x)

육하원칙의 **'어떻게 (빠르게)'**에 해당하는 부사는 ⓔ처럼 **'문장 앞'**에 위치할 수 **없습니다.**

'언제 (아침에)', '어디서 (공원에서)', '왜 (운동하기 위해서)'를 나타내는 부사는, ⓑ, ⓒ, ⓓ처럼 동사(달리다)와 멀리 떨어져서, **'문장 앞'**에 위치해도 의미 전달이 되지만,

'**어떻게 (빠르게)**'를 나타내는 부사는,
ⓔ처럼 동사(달리다)와 **멀리 떨어져서**, '**문장 앞**'에 위치하면 **어색합니다.**
'**어떻게 (빠르게)**'를 나타내는 부사는,
ⓐ, ⓑ, ⓒ, ⓓ에서 보는 것처럼 문장 뒤편에 '**동사 (달리다)**'의 가까이에 위치
해서 동사를 꾸밉니다.

우리말 부사의 위치
① '문장 앞'에 위치 할 수 **있는** 부사
    언제, 어디서, 왜
② '문장 앞'에 위치 할 수 **없는** 부사
    어떻게

 '<u>I run fast to exercise in the park in the morning</u>'

아빠: 나는 아침에 공원에서 운동하기 위해서 빠르게 달리다

아들: 나는 ˇ달리다 /빠르게 /운동하기 위해서 /공원에서 /아침에

아빠: 영어로 나타내세요.

아들: I ˇrun /fast /to exercise /in the park /in the morning

아빠: **언제** 달립니까?

아들: I ˇrun /**in the morning**   (ˇ달리다 /**아침에**)

아빠: **어디서** 달립니까?

아들: I ˇrun /**in the park**   (ˇ달리다 /**공원에서**)

아빠: 어떻게 달립니까?

아들: I ˇrun /**fast** (ˇ달리다 /**빠르게**)

아빠: **왜** 달립니까?

아들: I ˇrun /**to exercise** (ˇ달리다 /**운동하기 위해서**)

영어에서, 육하원칙의 '언제', '어디서', '어떻게', '왜'에 해당하는 부사는, 모두
동사(run 달리다)의 **뒤에** 위치해서 그 동사(달리다)를 꾸밉니다.
'**주어ˇ동사 (I ˇrun)**'을 비집고 들어갈 수 **없기 때문**입니다.

I ˅**run** /fast /to exercise /in the park /in the morning

‘언제’	아침에	in the morning
‘어디서’	공원에서	in the park
‘어떻게’	빠르게	fast
‘왜’	운동하기 위해서	to exercise

그런데,

육하원칙의 '**언제 (in the morning)**', '**어디서 (in the park)**', '**왜 (to run)**'에 해당하는 부사는 ⓑ, ⓒ, ⓓ처럼 '**문장 앞**'에 위치할 수 있지만,

ⓐ	I **run fast** /to exercise /in the park /in the morning
	나는 **달리다 빠르게** /운동하기 위해서 /공원에서 /아침에
ⓑ	In the morning, I *run fast* /to exercise /in the park
	아침에, 나는 **달리다 빠르게** /운동하려고 /공원에서
ⓒ	In the park, I **run fast** /to exercise /in the morning
	공원에서, 나는 **달리다 빠르게** /운동하려고 /아침에
ⓓ	To exercise, I **run fast** /in the park /in the morning
	운동하려고 나는 **달리다 빠르게** /공원에서 /아침에

육하원칙의 '**어떻게 (fast 빠르게)**'에 해당하는 부사는 ⓔ처럼 '**문장 앞**'에 위치 **할 수 없습니다.**

ⓔ	*Fast,* I **run** /to exercise /in the park /in the morning
	빠르게, 나는 달리다 /운동하려고 /공원에서 /아침에 **(X)**

ⓑ, ⓒ, ⓓ처럼 '언제', '어디서', '왜'를 나타내는 부사는 문장의 앞에 위치해도 의미전달이 되지만,

ⓔ처럼 '**어떻게**(fast 빠르게)'를 나타내는 부사는 문장의 앞에 위치해서 동사 (run 달리다)의 움직임을 묘사할 수 없습니다.

그것은 '**어떻게**'에 해당하는 부사가 **동사의 움직임을 묘사하는 가장 직접적인 도구**이기 때문입니다.

빨리 달리다, 천천히 달리다, 느릿느릿 달리다,

거북이처럼 달리다, 성큼성큼 달리다...

달리는 데 어떻게 달리나요?
빨리 달리는 모습, 성큼성큼 달리는 모습 등이 보입니다.
'fast (빨리)'처럼 '어떻게'에 해당하는 부사는 동사(run 달리다)의 움직임을 묘사하고 있으므로, 동사(run 달리다)를 꾸민다는 것을 정확히 알 수 있습니다.

영어에서, 동사의 움직임을 묘사하는 '어떻게'에 해당하는 부사는, 동사 다음에 위치해서 동사를 꾸밉니다.
즉, '어떻게'에 해당하는 부사는 **동사와 너무 친해서, 보어와 목적어처럼, 대장인 동사를 따라다니므로 동사 다음에 위치합니다.**

He ˅runs / **fast**	(O) 동사 다음
그는 ˅달리다 / **빨리**	

He <u>fast</u> ˅runs	(X) 동사 앞
<u>Fast</u> he ˅runs	(X) 문장 앞

영어에서 부사의 위치
① '문장 앞'에 위치 할 수 **있는** 부사
　　언제, 어디서, 왜
② '문장 앞'에 위치 할 수 **없는** 부사
　　어떻게

In the park, he runs fast in the morning

/In the park,	/공원 안에서,

'In the park'은 'in (-안에서) + the park (공원)'입니다.
'In the park'는 '공원은'하고 주어를 나타내는 '-은'을 붙일 수 없습니다. 'In (-안에서)'이 명사(park 공원)의 모양을 바꾼다는 정보를 주기 때문에 'In the

park (공원 안에서)'는 명사가 아니므로 주어가 될 수 없기 때문입니다.
'In the park'는 '-ㄴ' 소리가 나는 형용사구(공원 안에 있는)도 될 수 없습니다. ^the boy \in the park (^**소년** \공원 안에 있는)'처럼 꾸밈을 받을 명사가 위치해야 하는데, 'In the park' 앞에 아무것도 없기 때문입니다.
'In the park (공원에서)'는 부사구입니다. 동사 다음에 등장하지 않고 문장 앞에 위치시켰습니다. 육하원칙의 '**어디서**'에 해당하기 때문입니다.

> In the park, ^**he** ⌄**runs** /fast /in the morning
> ^**그는** ⌄**달리다** /빨리 /아침에

이제, 'he ⌄runs (그는 ⌄달리다)'하고 '주어⌄동사'가 등장합니다.

2. He came back happily & Happily, he came back

아래의 예문 ⓐ과 ⓑ는
'happily'와 'he came back (그는 돌아왔다)'의 위치만 바꾸어 나타낸 것입니다. 각각의 의미를 구분해 보세요.

| ⓐ He came back **happily** | 그가 **흥겹게** 돌아왔다 |
| ⓑ **Happily**, he came back | **다행스럽게도**, 그가 돌아왔다 |

| ⓐ **He came back happily** | **그가 흥겹게 돌아왔다** |

| He came back | 그가 돌아왔다 |

'come (오다)'는 '여기로 오는' 화면이 보이는 동사입니다.
'come back'은 여기서 출발해서 떠났던 사람이 다시 여기로 돌아올 때 쓰는 표현이고 'come (오다)'는 여기서 출발하지 않아도 여기로 오기만 하면 쓸 수 있는 표현입니다.

He came back / **happily**	그가 돌아왔다 / **흥겹게**

신바람 나서 흥겨워하며 돌아오는 모습이 보입니다. 'happily (흥겹게)'가 '주어ᵛ동사'를 비집고 들어갈 수 없어서, 동사(come 오다)의 다음에 위치해서 'come (오다)'라는 동작을 꾸밉니다.

ⓑ **Happily**, he came back	**다행스럽게도,** 그가 돌아왔다

그가 돌아온 모습이 보입니다. 그런데 신나게 돌아오는 것이 아닙니다. 비록 부상을 입어서 그가 흥겹지 못하고 고통스러워하더라도 '그가 살아 돌아온 것이 다행스럽다'는 의미입니다.

ⓐ의 'happily'는 **동사(come) 다음에 위치**함으로써 'come (오다)'라는 동작을 묘사한다는 정보를 줍니다. 이 위치정보 때문에 'happily'는 '어떻게'에 해당하는 'happily (흥겹게)'가 된답니다.
(앞 단원 'UNIT 18-1 언제, 어디서, 왜 & 어떻게' 참조)

ⓑ의 'happily'가 **문장 제일 앞에 위치**함으로써 '어떻게'에 해당하는 부사가 아니라는 정보를 줍니다. 'come (오다)'라는 동작을 묘사하지 않고 **문장 전체**인 'he came back 그가 돌아왔다'를 **꾸미게** 됨으로써 **'다행스럽게도'**라는 의미가 된답니다.

UNIT 19. 동사모양 바꾸기 - 부사구

동사는 보어 또는 목적어를 결정합니다. (동사는 대장이다 1)

그런데, 문장이 길어집니다.

형용사 또는 부사가 등장한다는 정보입니다. (동사는 대장이다 2)

부사는 동사를 꾸밉니다.

부사는 주어ᵛ동사 사이를 비집고 들어갈 수 없습니다.

그래서 대부분의 부사는 동사 다음에 위치합니다.

그것도 보어 또는 목적어에게 자리를 양보합니다.

그런데 '언제', '어디서', '왜'에 해당하는 부사는 문장 앞에 위치할 수 있습니다.

문장 앞에 위치해서 문장 전체를 꾸미는 부사도 있습니다.

1. 달리다 → 달리기 위하여 (-하기 위하여)

ⓐ I am going to run in the morning

I ˅am \going	나는 ˅이다 \가는 중인

'am (이다)'은 보어(going 가는 중인)를 이끄는 동사입니다.
그런데 문장이 길어집니다.

I am going / to run
나는 가는 중이다 / 달리기 위하여

'to run'은 '-것' 소리가 나지 않습니다.
'-ㄴ' 소리가 나는 형용사(구) 또는 **부사(구)**가 등장할 순서이기 때문입니다.
(동사는 대장이다2)

'to run'은 '달릴 예정인'하고 **'-ㄴ' 소리도 나지 않습니다.**
'^the man\to run (^사람\달릴 예정인)'처럼 'to run' 앞에 'to run'의 꾸밈
을 받을 명사(man 사람)가 보이지 않기 때문입니다. **(꾸미기원칙 2)**

'to do'의 'to'는

1) 주어, 목적어, 보어 위치에 있는 동사의 모양을 '-것' 소리가 나는 **명사**로
바꿉니다.

2) '보어 위치에 있는 동사' 또는 '명사를 꾸미는 위치에 있는 동사의 모양'
을 '-할 예정인' 소리가 나는 **형용사**로 바꿉니다.

3) 동사의 모양을 **부사**로 바꿉니다. 부사로 쓰일 때는 여러 가지 의미가 있
는데, 가장 대표적인 의미가 **'-하기 위하여'**입니다.

I am going / to run in the morning
나는 가는 중이다 / 아침에 달리기 위하여 (그 목표를 향해서)

'to run'은 동사(run 달리다)의 모양을 바꾼 것이 아닙니다.
'run in the morning (아침에 달리다)'의 모양을 바꾼 것입니다.

따라서 'to run in the morning'은 '부사구'라는 것을 알 수 있습니다. 'to
run in the morning (아침에 달리기 위하여)'는 'going (가는 중인)'을 꾸미
기 때문입니다.

run in the morning	아침에 달리다
to run in the morning	**아침에 달리기 위하여**

질문입니다.

'I am going to run in the morning'에서 주어(나 I)는 달리기를 했을까요?
아직 안 했을까요?

아직 안 했습니다.

나는 아직 달리는 동작을 하지 않았으며 그 동작(run 달리다)을 하겠다는 목표를 향해서 **'가는 중 (going)'**이라는 것은 '(미래에) 달리기 할 것을 마음먹고 있다' 또는 '(미래에) 달리기 할 예정이다'는 의미입니다. 그러므로 'will (-할 예정이다)'로 나타낼 수 있습니다.

be going to run	달리기 **위하여 가는 중이다**
= will run	달리기 **할 예정이다**

I ˅will run /in the morning	
나는 ˅**달리기 할 예정이다** /아침에	

ⓑ I get up early to run in the morning

I ˅get up /early	나는 ˅**일어나다** /일찍

'get up (일어나다)'은 앉은 상태 또는 누운 상태에서 일어나는 모습을 보여주기 때문에 보어와 목적어를 필요로 하지 않습니다.
언제 일어납니까? 'early (일찍)' 일어납니다.
그런데 문장이 길어집니다.

I get up early / to run in the morning
나는 일찍 일어나다 / 아침에 달리기 위하여

'to run'은 **'-것'** 소리가 나지 않습니다.
'-ㄴ' 소리가 나는 형용사(구) 또는 **부사(구)**가 등장할 순서이기 때문입니다.
(동사는 대장이다2)

'to run'은 '달릴 예정인'하고 **'-ㄴ' 소리도 나지 않습니다.**
'^the man\to run (^사람\달릴 예정인)'처럼 'to run'의 꾸밈을 받을 명사(man 사람)가 보이지 않기 때문입니다. **(꾸미기원칙 2)**

'to run'은 동사(run 달리다)의 모양을 바꾼 것이 아닙니다.
'run in the morning (아침에 달리다)'의 모양을 바꾼 것입니다.
왜 일찍 일어납니까?
'to run in the morning (**아침에 달리기 위하여**)' 일어납니다.

따라서 'to run in the morning'은 '부사구'라는 것을 알 수 있습니다.

to do	to run in the morning
형용사구	아침에 달릴 예정인
부사구	**아침에 달리기 위하여**

ⓒ To run in the morning, I get up early

/ To run in the morning,	/ 아침에 달리기 위하여,

'to run'은 동사(run 달리다)의 모양을 바꾼 것이 아닙니다.
'to run'은 'run in the morning (아침에 달리다)'의 모양을 바꾼 것입니다.

• 명사구일까? 'to run'은 '-것' 소리가 나지 않습니다.
'to run in the morning' 다음에 주어의 끝을 알리는 동사가 보이지 않고
'콤마(,)'만 보이기 때문입니다. **(동사는 대장이다3)**

• 형용사구일까? 'to run'은 '-ㄴ' 소리도 나지 않습니다.
'^the man\to run (^사람\달릴 예정인)'처럼 'to run'의 꾸밈을 받을 명사
(man 사람)가 보이지 않기 때문입니다. **(꾸미기원칙2)**

to do	to run in the morning
명사구	아침에 달리는 것
형용사구	아침에 달릴 예정인
부사구	**아침에 달리기 위하여**

▶ 부사구입니다.
육하원칙의 '언제', '어디서', **'왜 (아침에 달리기 위하여)'**에 해당하는 부사구는,
문장 앞에 위치해서 의미전달이 되기 때문입니다. (UNIT 18-2 He came back
happily & Happily, he came back 참조)
'to run in the morning'의 <u>위치정보</u>- 주어(I 나) 앞에 위치-가 부사구라는
것을 알려줍니다.

To run in the morning,	I get up early
아침에 달리기 위하여,	나는 일찍 일어나다

2. 만나다 → 만나서 (-해서)

다음 예문에서 이상한 점을 찾아서 고쳐 보세요.

'나는 *너를 만나다* 행복하다'

'나는 *너를 만나는 것* 행복하다' (X)
'나는 *너를 만나는 중인* 행복하다' (X)
'나는 *너를 만날 예정인* 행복하다' (X)
'나는 *너를 만나기 위해서* 행복하다' (X)
'나는 **너를 만나서** 행복하다' (O)

나는 왜 행복합니까? 너를 만나서 행복합니다.

'너를 만나서'가 '행복하다'를 꾸밉니다.

'너를 만나다'를 '-것' 소리가 나는 명사의 역할을 하게끔(너를 만나는 것) 바꾸어도, 'ㄴ'소리가 나는 형용사의 역할을 하게끔(너를 만나는 중인, 너를 만날 예정인) 바꾸어도 의미 전달이 되지 않습니다.

또한 '너를 만나다'를 부사의 역할을 하는 '너를 만나기 위해서'로 바꾸어도 의미 전달이 되지 않습니다. 하지만 부사 역할을 하는 또 다른 의미가 있습니다. 바로 **'너를 만나서'**입니다.

다음을 읽고 이상한 점을 찾아서 고쳐 보세요.

'I am happy / *meet you*'   'I am happy / **to meet you**'
'나는 행복하다/ *너를 만나다*' ⇒ '나는 행복하다/ **너를 만나서**'

I am happy to meet you

I ˇam \happy	나는 ˇ이다 \행복한

'am (이다)'은 보어(happy 행복한)를 이끄는 동사입니다.

문장이 길어집니다.

> I am happy / **to meet you**
> 나는 행복하다 / **너를 만나서**

'to meet'은 **'-것'** 소리가 나지 않습니다.
'-ㄴ' 소리가 나는 형용사(구) 또는 **부사(구)**가 등장할 순서이기 때문입니다.
(동사는 대장이다2)

'to run'은 '-ㄴ' 소리도 나지 않습니다.
'^the man\to meet (^사람\만날 예정인)'처럼 'to meet'의 앞쪽(왼쪽)에 꾸
밈을 받을 명사(man 사람)가 보이지 않기 때문입니다. **(꾸미기원칙2)**

'to meet'은 동사(meet 만나다)의 모양을 바꾼 것이 아닙니다.
'to meet'은 'meet you (너를 만나다)'의 모양을 바꾼 것입니다.
왜 행복합니까?
'to meet you (**너를 만나서**)' 행복합니다.
'to meet you (너를 만나서)'는 형용사(happy 행복한)을 꾸미는 부사구입니
다.

UNIT 20. 동사모양 바꾸기 - 전치사 다음에서

아빠: 그녀는 무서워하다

아들: 그녀는 ∨이다 \무서워하는

아빠: 영어로 나타내세요.

아들: She ∨is \afraid

아빠: 그녀는 고양이를 무서워하다

아들: 그녀는 ∨무서워하다 ^고양이를

아빠: 영어로 나타내세요.

아들: She ∨is afraid of ^the cat

　　　 빙고. 어디서 배웠죠?

아들: '명사 모양 바꾸기 UNIT 9-6 with me & *with I* '에서 배웠습니다.

아빠: 그녀는 새벽에 달리는 것을 무서워하다

아들: 그녀는 ∨무서워하다 ^새벽에 달리는 것을

아빠: 영어로 나타내세요.

아들: She ∨is afraid of ^running at dawn

아빠: 오케이.

She is afraid of running at dawn

She ∨is \afraid	그녀는 ∨이다 \겁먹은

'is (이다)'는 보어(afraid 겁먹은)을 이끄는 동사입니다.

She ∨is afraid of	그녀는 무서워하다

'She is afraid 그녀는 겁먹다'에서 'is (이다)'는 보어(afraid 겁먹은)을 이끄는 동사이고, 'afraid (겁먹은)'은 보충단어 자리에 위치한 형용사일 뿐이므로
'is afraid (겁먹다)'가
'-을, -를'이 붙는 목적어를 데려올 방법이 없습니다.

She is afraid *the cat*   그녀는 *고양이를 무서워하다*   (x)

She ˅is afraid of ^the cat   그녀는 무서워하다 ^**고양이를**   (o)

그렇지만 'of (-에 한정해서)'의 도움을 받아서, '고양이에 한정해서 겁먹는(무서워하는) 성질이 있다'가 되면 '고양이를 무서워하다'는 뜻이므로, '고양이를 (cat)'이 **무서워하다 (is afraid of)**'의 목적어가 될 수 있습니다.
밑줄 친 '**is afraid of (무서워하다)**'가 목적어를 이끄는 동사의 역할을 한 셈이라고 '명사 모양 바꾸기 UNIT 9-6 with me & *with I*'에서 배웠는데 기억나세요?

She ˅is afraid of ^running at dawn
그녀는 ˅무서워하다 ^새벽에 달리는 것을

'of (-에 한정해서)'는 명사의 왼쪽에 위치해서 명사의 모양을 바꾸는 **전치사**입니다. 그래서 'of (-에 한정해서)'의 오른쪽에는 '명사가 오겠지'하고 살펴보니 역시나 명사구(running at dawn)가 등장합니다.

동사의 모양을 바꾼 'running'은 'run (달리다)'의 모양을 바꾼 것이 아니라 'run at dawn (새벽에 달리다)'의 모양을 바꾼 것입니다. 'run (달리다)'가 대장이기 때문입니다.

She is afraid of running at dawn

She ˅is \afraid	그녀는 ˅이다 \겁먹은

'is (이다)'는 보어(afraid 겁먹은)을 이끄는 동사입니다.
길어집니다. 형용사구 또는 부사구가 등장하기 때문입니다. **(동사는 대장이다 2)**

She is afraid /of running at dawn
그녀는 겁먹다 /새벽에 달리는 것에 관해서

전치사 'of (-에 관해서)'는 명사구(running at dawn 새벽에 달리는 것)의 모양을 바꿉니다.
무엇에 관해서 겁먹는지를 알 수 있으므로, 'of running at dawn (새벽에 달리는 것에 관해서)'는, 'afraid (겁먹은)'을 꾸미는 부사구입니다.

run /at dawn　　　　　　　　동사(run)는 대장이다1
running at dawn　　　　　　동사 모양 바꾸기 (doing)
of + running at dawn　　　명사 모양 바꾸기 (of + 명사)

전치사는 명사의 모양을 형용사 또는 부사로 바꿔줍니다.

전치사는 명사의 모양을 바꿔주는 것이므로, 전치사 다음에는 명사가 위치해야지 동사가 위치 할 수 없습니다. 전치사 다음에 동사가 등장할 수 없기 때문에 전치사 다음에 등장하는 동사의 모양을 명사로 바꿔야만 합니다.

이 때 동사의 모양을 명사로 바꿀 때 'doing'형태만 사용하기로 약속합니다. 이 때 'to do'형태는 사용하지 않습니다.

동 사 는 대 장 이 다

PART

IV

절 모양 바꾸기

UNIT 21. *사람들이 아침에 달리다* 는 건강에 좋다

1. 주어 (*사람들이 아침에 달리다는 좋다*)

다음 예문에서 이상한 점을 찾아서 고쳐보세요.

> 사과는 건강에 좋다
> 달리는 것은 건강에 좋다
> 아침에 달리는 것은 건강에 좋다
> 사람들이 아침에 *달리다* 는 건강에 좋다
> ⇒ 사람들이 아침에 **달리는 것**은 건강에 좋다

'사과는', '달리는 것은', '아침에 달리는 것은'처럼 조사 '-은, -는'이 붙는 주어 자리에는 **명사**(사과)와, 동사의 모양을 명사로 바꾼 **명사구**(달리는 것, 아침에 달리는 것)가 올 수 있는데, 밑줄 친 '달리다'는 동사이기 때문에 주어 자리에 올 수 없습니다. (앞 단원 'Ⅲ. 동사 모양 바꾸기' 참조)

다음 ⓐ~ⓒ 예문에서 주어 자리를 네모(☐)로 표시해보세요.

> ⓐ 사과는 건강에 좋다
> ⓑ 달리는 것은 건강에 좋다
> ⓒ 아침에 달리는 것은 건강에 좋다
> ⓓ 사람들이 아침에 달리는 것은 건강에 좋다
>   ⇓
> ⓐ [사과는] 건강에 좋다
> ⓑ [달리는 것은] 건강에 좋다
> ⓒ [아침에 달리는 것은] 건강에 좋다

잘 했습니다. '~은, 는' 자리에 '사과'라는 명사와, '달리는 것', '아침에 달리는 것'처럼 동사의 모양을 명사로 바꾼 '명사에 상당하는 말(명사구)'이 왔으니 네모(☐)를 표시하기 쉬웠습니다.

이제 ⓓ 예문을 해 볼까요?

ⓓ 사람들이 아침에 │달리는 것은│ 건강에 **좋다**.

'~은, 는'이 '달리는 것'에 붙어 있으니 '달리는 것은'에 ☐ 표시를 했는데, 옳지 않습니다. 언제 달리나요? 햇살이 강한 낮에 달리나요? 어두운 밤에 달리나요? '아침에 달리는 것'이죠. 다음을 볼까요?

ⓓ 사람들이 │아침에 달리는 것은│ 건강에 **좋다**.

그래도 이상합니다. 아침에 달리기는 달리지만 누가 달리나요? 강아지가 달리나요? 말이 달리나요? '사람들'이 아침에 달립니다.

이제 '달리다'의 주어를 찾았습니다. 무엇이 건강에 좋다고 했죠? **사람들이 아침에 달리는 것**'이 건강에 좋습니다. 다시 정답을 표시해 볼까요?

ⓓ │사람들이 아침에 달리는 것은│ 건강에 **좋다**

'사람들이 아침에 달리다'는 주어(사람들이)와 동사(달리다)가 있으며, '사람들이 아침에 달리는' 모습이 보이므로 의미전달이 됩니다.

▶ 주어와 동사를 포함하면서 의미 전달이 되는 것을 '절(clause)'이라고 합니다.

'사람들이 아침에 달리는 것'은 단지 동사 '달리다'의 모양을 명사구(달리는 것)로 바꾼 것이 아니라, '사람들이 아침에 달리다'라는 '절(clause)'의 모양을 '-것' 소리가 나는 '명사절'로 바꾼 것입니다.

우리말에서는 주어와 동사가 들어있는 '절(clause)'에 '-것'을 붙여 '절(clause)'의 모양을 '명사절'로 바꾸어 줍니다.
영어에서도 '절(clause)'의 모양을 '명사절'로 바꾸기 위해서 붙이는 것이 있습니다. 바로 **'that'**입니다.

People run in the morning   사람들이 아침에 달리다
⇓
That People run in the morning   사람들이 아침에 달리는 **것**

다음 예문에서 이상한 점을 찾아서 고쳐 보세요.

ⓐ Apples are good for our health
　사과는 건강에 좋다
ⓑ To run is good for our health
　달리는 것은 건강에 좋다
ⓒ Running in the morning is good for our health
　아침에 달리는 것은 건강에 좋다
ⓓ *People run in the morning* is good for our health
　사람들이 아침에 달리다는 건강에 좋다

ⓓ **That people run in the morning** is good for our health
　사람들이 아침에 달리는 것은 건강에 좋다

	주어
명사	ⓐ Apples
명사구	ⓑ **To** run
명사구	ⓒ Runn**ing** in the morning
명사절	ⓓ **That** people run in the morning

‸**That people run in the morning** ˅is good for our health

(‸ : 명사(절), ˅ : 동사)

영어에서 'people run in the morning'이라는 '**절**'을 '**명사**'로 만들기 위해서 붙이는 것이 바로 우리말 '**것**'에 해당하는 'that'입니다.
'that'은 뒤이어 주어(People)와 동사(run)가 함께 등장함으로써 '절'이 등장한다는 정보를 제공합니다.

2. that is, that book is & that people run is

ⓐ **That** is my book
ⓑ **That book** is mine
ⓒ **That people run in the morning** is good

ⓐ ^That ˅is ^my book
　^그것은 ˅이다 ^나의 책
'That(그것)'은 **명사**입니다.

ⓑ ^That book ˅is ^mine
　^저 책은　˅이다 ^나의 것
'That book (저 책)'의 'That (저것의)'은 'book (책)'을 꾸미는 **형용사**입니다.

ⓒ ^ | That ^people ˅run in the morning | ˅is \good
　^ | 사람들이 아침에 달리는 **것은** |　˅이다 \좋은
That 다음에 주어(people 사람)와 동사(run 달리다)가 등장했으니 that은 '절 (clause)'을 이끈다는 정보를 줍니다.

동사 'run (달리다)'은 달리는 화면을 보여주는 동사이고 (**동사는 대장이다 1**), 언제 달리느냐면 'in the morning (아침에)' 달린다는 것도 알 수 있습니다(**동사는 대장이다 2**). 더 길어질까요? 동사 'run (달리다)'가 또 다른 형용사(구) 나 부사(구)를 데려올까요? 더 이상 데려오지 않았습니다.

동사 'is'를 보는 순간 **that**이 이끄는 '**절(clause)**'이 '주어'에 해당하는 '명사 절'이라는 것을 알게 됩니다. 이 때, '절(clause)'의 모양을 명사절로 바꾸는 'that'은 '-것' 소리를 나게 합니다. 바로 'is'가 **동사는 대장이다 3**'의 역할을 해서 'is' 바로 앞 까지가 '주어'라는 것을 알려주기 때문입니다.

▶ 'that'과 같이 '절(clause)'의 모양을 바꾸는 품사를 '**접속사**'라고 합니다. '접속사'의 '접속'은 '절'과 '절'을 연결(접속)해 준다는 의미입니다.

3. 보어 (나의 계획은 *우리가 새벽에 달리다*이다)

We run at dawn	우리가 새벽에 달리다
That we run at dawn	우리가 새벽에 달리는 **것**

Her son becomes a pianist	아들이 피아니스트가 되다
That her son becomes a pianist	아들이 피아니스트가 되는 **것**

'that'은 '절(clause)'을 이끌어 절(clause)의 모양을 바꿔줍니다. 동사의 모양을 바꾼 'to do'와 'doing'이 명사로 쓰일 때 '것' 소리가 나는 것처럼, 절의 모양을 바꾼 'that+절(clause)'도 명사로 쓰일 때 '-것' 소리가 납니다.

다음은 '보어' 위치에서 '-것' 소리가 나는 'that 절(clause)'입니다.
다음 예문에서 이상한 점을 찾아서 고쳐 보세요.

ⓐ My plan is to run at dawn
　나의 계획은 새벽에 달리는 것이다

ⓑ My plan is *we run at dawn*
　나의 계획은 *우리가 새벽에 달리다이다*

ⓒ Her dream is becoming a pianist
　그녀의 꿈은 피아니스트가 되는 것이다

ⓓ Her dream is *her son become a pianist*
　그녀의 꿈은 *그녀의 아들이 피아니스트가 되다이다*

⇓

ⓑ My plan is **that** we run at dawn
　나의 계획은 **우리가 새벽에 달리는 것**이다

ⓓ Her dream is **that** her son becomes a pianist
　그녀의 꿈은 **그녀의 아들이 피아니스트가 되는 것**이다

ⓑ **My plan is that we run at dawn**

My plan ˅is ∧ that ∧we ˅run at dawn

나의 계획은 ˅이다 ∧ 우리가 새벽에 달리는 것

(˅ :동사, ∧:명사(절))

'is(이다)'는 보어를 이끄는 동사입니다.
'that we run'을 보는 순간, 'that'은 주어(we 우리는)과 동사(run 달리다)를 포함하는 절(clause)'을 이끈다는 <u>정보를 제공합니다</u>.
'that이 이끄는 절(clause)'은 'is(이다)'의 보어라는 것을 알 수 있습니다.

ⓓ **Her dream is that her son becomes a pianist**

Her dream ˅is ∧ that ∧her son ˅becomes a pianist

그녀의 꿈은 ˅이다 ∧ 그녀의 아들이 피아니스트가 되는 것

(˅ :동사, ∧: 주어, **보어**, 목적어인 명사 또는 명사절)

'is(이다)'는 보어를 이끄는 동사입니다.
'that ∧her son ˅becomes'을 보는 순간, 'that이 이끄는 절(clause)'이 'is(이다)'의 보어라는 것을 알 수 있습니다.

다음을 해석해 보세요.

It seems that she works hard to buy a house

It ˅seems   -인 것 같다

'seem (-인 것 같다)'은 화면을 보여주지 않는 동사이므로, 보어를 이끄는 동사입니다. 'that ∧she ˅works'을 보는 순간, 보어 자리에 'that이 이끄는 절(clause)'이 온다는 것을 알 수 있습니다.

| ^she ⌄works /hard | ^그녀가 ⌄일하다 /열심히 |

'work (일하다)'는 움직이는 화면을 보여주는 동사이면서, 어떻게 일하는지를 알게 해 주는 'hard (열심히)'라는 부사와 '절친'인 동사입니다.

문장이 ^she ⌄works 로 끝나지 않고 길어진 것입니다.

형용사 또는 부사 (hard 열심히)가 오기 때문입니다.

| she works hard /to buy a house |
| 그녀가 열심히 일하다 /집을 사기 위해서 |

또 길어집니다. 형용사 또는 부사가 뒤따른다는 정보입니다.

'to buy a house (집을 사기 위해서)'가 동사 'work (일하다)'를 꾸미는 '부사구'가 되기 위해서 동사(buy 사다)의 모양을 부사구(to buy 사기 위해서)로 바꿉니다.

It ⌄seems ∧ | that ^she ⌄works hard /to buy a house |

∧ | 그녀는 집을 사기 위해서 열심히 일하는 것 | ⌄같다

'seem (-인 것 같다)'은 보어를 이끄는 동사이고, 보어 자리에 'that이 이끄는 절(clause)'이 위치했습니다.

'that'은 절(clause)의 모양을 '-것' 소리가 나는 명사절로 바꿉니다.

4. 동사의 목적어 (나는 *그녀가 아침에 달리다*를 알고 있다)

| The girl runs at dawn | 소녀가 새벽에 달리다 |
| **That** the girl runs at dawn | 소녀가 새벽에 달리는 **것** |

| The girl started to run in the morning |
| 소녀가 아침에 달리기하는 것을 시작했다 |
| **That** the girl started to run in the morning |
| 소녀가 아침에 달리기하는 것을 시작했다는 **것** |

'that'은 '절(clause)'을 이끌어 절(clause)의 모양을 바꿔줍니다. 동사의 모양

을 바꾼 'to do'와 'doing'이 명사로 쓰일 때 '것' 소리가 나는 것처럼, 절의 모양을 바꾼 'that+절(clause)'도 명사로 쓰일 때 '-것' 소리가 납니다.

다음은 '목적어' 위치에서 '-것' 소리가 나는 'that 절(clause)'입니다. 이상한 점을 찾아서 고쳐 보세요.

ⓐ I know <u>the girl runs at dawn</u>
　　나는 <u>*소녀가 새벽에 달리다*를</u> 알고 있다
ⓑ I know <u>the girl started to run in the morning</u>
　　나는 <u>*소녀가 아침에 달리기하는 것을 시작했다*를</u> 알고 있다

⇓

ⓐ I know **that** the girl runs at dawn
　　나는 **소녀가 새벽에 달리는 것**을 알고 있다
ⓑ I know **that** the girl started to run in the morning
　　나는 **소녀가 아침에 달리기하는 것을 시작했다는 것**을 알고 있다

ⓑ I know that the girl runs in the morning

I ⌄know	나는 ⌄알고 있다

'know (알고 있다)'는 목적어를 이끄는 동사입니다.

that ⌃the girl ⌄runs /at dawn
⌃소녀가 ⌄달리다 /새벽에

'know (알고 있다)'의 목적어는 'that(그것)'이 아니라 'that이 이끄는 절 (clause)'입니다.
'that'은 절(clause)'의 모양을 '-것' 소리가 나는 명사절로 바꿉니다.

I know ∧	that the girl runs at dawn
나는 알고 있다 ∧	소녀가 새벽에 달리는 것을

'know (알고 있다)'는 'that the girl runs at dawn'를 목적어로 이끄는 대장 이고, 'run (달리다)'는 'at dawn (새벽에)'의 꾸밈을 받는 대장입니다.

ⓓ I know that the girl started to run in the morning

I ˅know	나는 ˅알고 있다

'know (알고 있다)'는 목적어를 이끄는 동사입니다.

'know (알고 있다)'의 목적어 자리에 '절(clause)'이 위치합니다. 그것을 알려 주는 것이 바로 '절(clause)'의 왼쪽에 위치한 'that'이라는 <u>정보원</u>입니다.

that the girl ˅started ^to run in the morning
소녀가 ˅시작했다 ^아침에 달리기하는 것을

'start (시작하다)'는 목적어(to run in the morning)를 이끄는 동사이므로 'run (달리다)'를 '-것' 소리가 나는 'to run (달리기하는 것)'으로 바꿉니다.

I know ^	that the girl started to run in the morning
나는 알고 있다 ^	소녀가 아침에 달리기하는 것을 시작했다는 것을

'know (알고 있다)'는 목적어를 이끄는 동사이고, 목적어 자리에 'that이 이끄는 절(clause)'이 위치했습니다.

'that'은 절(clause)의 모양을 '-것' 소리가 나는 명사절로 바꿉니다.

동사 'know (알고 있다)'는 'that the girl started to run in the morning' 의 대장이고,

동사 'start (시작하다)'는 'to run in the morning'의 대장입니다.

그리고 동사 'run (달리다)'는 'in the morning'의 대장입니다.

5. 전치사의 목적어 (in that & in that you run)

아빠: ⓐ She is **a singer**

아들: 그녀는 가수이다

아빠: ⓑ She is **like a singer**

아들: 그녀는 가수 같다

아빠: 두 문장의 차이점은 무엇일까요?

아들: 'ⓐ She is a singer' 는 그녀의 직업이 가수이고

　　　'ⓑ She is like a singer' 는 그녀의 직업이 가수인지 정확히 알 수 없
지만 그렇게 보인다는 뜻입니다.

아빠: 빙고. 'like a singer (가수 같은)'의 'like (같은, 같이)'는 명사의 모양을
바꾸는 역할을 합니다. ('Ⅱ.명사모양 바꾸기'참조)

다음을 해석해 보세요.

> ⓐ She looks **kind**
> ⓑ She looks **like a singer**
> ⓒ She looks **like that she was a singer**

ⓐ She looks \kind	그녀는 보이다 \친절한

느낌을 나타내는 단어인 'look(보이다)'는 화면을 보여주지 않는 동사입니다. 왜냐하
면 '그녀는 어때 보여?' 라는 물음에 '그녀는 보인다'고 말하면 안 됩니다. '어때 보
이는지' 느낌을 말해야 하기 때문입니다. 그러므로 느낌을 나타내는 단어인 'look
(보이다)'는 **보충단어**(보어)가 필요합니다. 그래서 'look(보이다)'의 보어 자리에 형
용사(kind 친절한)가 위치했습니다.

느낌을 나타내는 단어인 'look(보이다)'는 '머리카락 보이다'의 '보이다 (is
seen)'와 구분해야 합니다.

ⓑ She looks \like a singer	그녀는 보이다 \가수와 같은

'look(보이다)'는 보어를 이끄는 동사입니다. 보어 자리에 '-ㄴ' 소리가 나는 형
용사구(like a singer 가수와 같은)가 왔습니다.

이때, 명사(singer 가수)의 모양을 '-ㄴ' 소리가 나는 형용사(like a singer 가
수와 같은)로 바꾸어 주는 것이 전치사(like -같은)라고 말했습니다.

'그녀는 가수이다'는 뜻이 아니라 '가수 같이 보이다'는 뜻이므로 'She looks like

a singer'의 'like(-같은)'을 빼고 'She looks( )a singer'와 같이 표현할 수는 없습니다.

'She is a singer (그녀는 가수이다)'와 'She is <u>like</u> a singer (그녀는 가수 같다)'가 <u>다른 것과 같습니다.</u>

> © She looks \like | that ^she ˅was a singer
> **그녀는 보이다 \그녀가 가수였던 것 같은**

'look(보이다)'은 보어를 이끄는 동사입니다. 보어 자리에 형용사(like that she was a singer 그녀는 가수였던 것 같은)이 왔습니다.

이때, 전치사(like -같은)이 명사의 모양을 형용사로 바꾸는 것이 아니라

명사절(that she was a kind singer 그녀는 친절한 가수였던 것)의 모양을 '-ㄴ' 소리가 나는 형용사절로 바꾸어 줍니다.

ⓑ like+명사	like + **a singer**
© like+명사절	like + **that ^she ˅was a singer**

다음을 해석해 보세요.

> ⓓ You put the book in that
> ⓔ You are diligent in that you run every morning

> ⓓ You ˅put ^the book /in that
> **너는 ˅놓다 ^책을   /그것 안에**

'put (놓다)'은 목적어(book 책)를 이끄는 동사입니다.

길어집니다. 형용사 또는 부사 때문입니다. (동사는 대장이다 2)

'in that (그것 안에)'는 'put (놓다)'를 꾸미는 부사구입니다.

그래서 <u>대명사(that 그것)의 모양</u>을 '부사구(in that 그것 안에)'로 바꾸기 위해서 대명사(that 그것)의 왼쪽에 'in (안에)'를 붙입니다.

> ⓔ You are diligent in that you run every morning

You ˅are \diligent	너는 부지런하다

'are'은 보어(diligent 부지런한)를 이끄는 동사입니다.

문장이 길어집니다. 형용사 또는 부사 때문입니다. (동사는 대장이다 2)

in +	that you run every morning
안에서 +	네가 매일 아침에 달린다는 것

'in that you run every morning (네가 매일 아침에 달린다는 점에서)'는 'diligent (부지런한)'을 꾸미는 부사의 역할을 합니다.

in + that you run every morning

in은 명사의 **왼쪽**에 위치해서 명사의 모양을 바꿉니다.

여기서 in은 명사의 모양을 형용사로 바꾸는 것이 아니라

명사절(that you run every morning)의 모양을 '-인 점에서' 소리가 나는 부사절로 바꾸어 줍니다.

that + you run every morning

that은 절(clause)의 **왼쪽**에 위치해서 절(clause)이 등장한다는 <u>정보를 제공합</u>니다.

/ in	that you run every morning	
/	네가 매일 아침에 달린다는 것	때문에

명사절을 이끄는 in은 **'-인 점에서'** 또는 **'왜냐하면'**의 뜻으로 사용됩니다.

ⓔ의 'that'은 '절'을 이끈다는 정보를 주는 **접속사**로서, ⓓ의 명사 'that 그것' 과 구분해야 합니다.

You are diligent /in	that ^you ˅run / every morning
너는 부지런하다 /네가 매일 아침에 달린다는 점에서	
너는 네가 매일 아침 달린다는 것(점)에서 부지런하다	

UNIT 22. I know Tom is true

'I know Tom is true'의 주어는 'I' 일까? 'I know Tom' 일까?

> ⓐ I know he is true
> ⓑ I know him is true
> ⓒ I know Tom is true

ⓐ 'I know he is true'에는 2개의 절이 포함되어 있습니다.

'I know □ (나는 □을 알다)'와 'he is true (그는 정직하다)'입니다.

'know (알다)'의 목적어는 무엇일까요?

'he (그는)'이 아니라 'he is true (그가 정직하다)'라는 '절'입니다.

'주어 ∨동사'인 'he ∨is'가 붙어 있어, 'is (이다)'의 주어가 'he (그는)'

이라는 것을 알기 때문입니다.

동사 'know (알다)'는 목적어 'he is true (그는 정직하다)'를 이끄는 대장이

고, 동사 'is (이다)'는 보어 'true (정직한)'의 대장입니다.

ⓑ 'I know him is true'에는 2개의 절이 포함되어 있습니다.

'I know him (나는 그를 알다)'와 '□ is true (□는 진실하다)'입니다.

'know (알다)'의 목적어는 무엇일까요?

'him (그를)'이라는 명사입니다. 'him (그를)'은 'know (알다)'의 목적어로 쓰

인 것이지 'is (-이다)'의 주어로 쓰인 것이 아닙니다. 목적어 'him (그를)'의

대장은 'know (알다)'입니다. 'him (그를)'은 'is (-이다)'와는 아무런 관계가

없습니다.

'is (-이다)'와 관계가 있는 것은 'is (-이다)'의 앞부분인 'I know him (나는

그를 알다)'라는 '절'입니다. 'I know him (나는 그를 알다)'라는 절(clause)이

'주어'라는 것을 알려주는 것이 바로 동사 'is (-이다)'이기 때문입니다. **(동사**

는 대장이다 3)

ⓐ와 ⓑ를 쉽게 구분할 수 있는 것은 ⓐ의 '**he (그는)**'와 ⓑ의 '**him (그를)**'입

니다. ⓐ의 '**he (그는)**'는 'is (이다)'의 **주어**라는 정보를, ⓑ의 '**him (그를)**'은

'know (알다)'의 **목적어**라는 정보를 주기 때문입니다.

ⓒ 'I know Tom is true'에도 2개의 절이 포함되어 있습니다.

'know (알다)'의 주어는 'I (나는)'입니다.

☞ 'know (알다)'의 목적어는 무엇일까요?
'Tom'일까요? 'Tom is true'일까요?

☞ 'is (이다)'의 주어는 무엇일까요?
'Tom'일까요? 'I know Tom'일까요?

ⓒ 'I know Tom is true'에서
절(clause)의 모양을 '-것' 소리가 나는 명사절로 바꿔주는 **'that'을 어디에 위치시키는지에 따라서 의미가 달라집니다.**

> ⓒ-1. <u>That</u> I know Tom is true
> ⓒ-2. I know <u>that</u> Tom is true

ⓒ-1. ∧| That I know Tom |　　∨is \true

　　　∧| 내가 Tom을 안다는 것은 |　　∨이다\진실인

That은 주어(I 나는)와 동사(know 알다)가 포함된 절(∧I ∨know Tom)을 이끈다는 정보를 주는 접속사입니다.
'That I know Tom (내가 Tom을 알고 있다는 것은)'이 동사(is)의 주어입니다.

ⓒ-2. I ∨know　　∧| that Tom is true |

　　　나는 ∨알고 있다 ∧| Tom이 정직하다는 것을 |

'know (알고 있다)'의 목적어는 'that(그것을)'이 아니라 <u>'that'이 이끄는 절(∧Tom ∨is true)입니다. that이 주어(Tom)와 동사(is 이다)가 포함된 절(∧Tom ∨is true)을 이끈다는 정보를 주는 접속사이기 때문입니다.

PART IV 절 모양 바꾸기

ⓒ-1 에서 문장의 주어는 'That I know Tom(내가 Tom을 안다는 것)'이고,
ⓒ-2 에서 문장의 주어는 I know 의 'I (나)'입니다.

'that'은 절(clause)을 이끈다는 정보를 주기 때문에, 'that'을 정확히 위치시킴
으로써 ⓒ-1 에서는 'that+절 (that I know Tom)'이 주어로 쓰이고, ⓒ-2 에
서는 'that+절 (that Tom is true)이 목적어로 쓰였다는 것을 쉽게 알 수 있
습니다.
그러므로 절(clause)의 모양을 '-것' 소리가 나는 명사절로 바꿔주는 **'that'이**
문장 안에서 정확히 위치되지 않으면 혼란이 생깁니다.

ⓒ I know Tom is true

ⓒ-3. I know Tom is true   내가 Tom을 아는 것은
ⓒ-4. I know Tom is true   Tom이 정직하다는 것을

ⓒ-3 처럼 'I know Tom(내가 Tom을 아는 것)'을 문장의 주어에 해당하는 절
(clause)로 볼 수도 있고
ⓒ-4 처럼 'Tom is true(Tom은 정직하다)'를 문장의 목적어에 해당하는 절
(clause)로 볼 수도 있으므로 오해가 생깁니다.

절(clause)의 모양을 '-것' 소리가 나는 명사절로 바꿔주는 'that'을 마음대로
생략해서는 안 됩니다.
<u>단, 목적어 자리에서</u> '-것' 소리가 나게 하는 'that + 절'의 'that'만 생략하
기로 약속했으니 기억해 두세요.

ⓒ I know Tom is true

I know   나는 알고 있다

'know(알다)'는 목적어를 이끄는 동사입니다.

나는 무엇을 알고 있습니까?

'나는 압니다 톰을 (I know Tom)'이라고 하려는데 Tom 뒤에 동사(is)가 등장합니다.

영어의 어순은 '주어∨동사'입니다. 그렇다면 동사 'is'의 주어는 무엇일까요?

> '주어∨동사'는 자석의 N극, S극과 같은 사이이므로
> 동사 'is'는 동사 앞에 있는 Tom이 주어라는 정보를 제공합니다.

다시, 나는 무엇을 알고 있습니까?

| I know ^Tom is true |
| 나는 알고 있다 ^Tom이 정직하다는 것을 |

그래서 목적어 자리에서 '-것' 소리가 나게 하는 'that + 절'의 'that'만 생략하기로 약속했다고 생각하세요.

| I know ^(that) Tom is true |
| 나는 알고 있다 ^Tom이 정직하다는 것을 |

정리합니다.

^That people run is good	주어
My plan is ^that we go to America	보어
I know ^that Tom is true	목적어
I know ^ Tom is true	

UNIT 23. 그녀가 사 주었*다* 책 (형용사절)

1. who, which

아빠: 나는 흥미진진한 책을 가지고 있다
아들: 나는 ∨가지고 있다 ∧**흥미진진한** 책을
아빠: 영어로 나타내 보세요
아들: I ∨have ∧the **interesting** book

아빠: 나는 읽을 책을 가지고 있다
아들: 나는 ∨가지고 있다 ∧책을\읽을
아빠: 영어로 나타내 보세요
아들: I ∨have ∧the book\to read

아빠: 나는 그녀가 사 주었던 책을 가지고 있다
아들: 나는 ∨가지고 있다 ∧책을\그녀가 사 주었던
아빠: 빙고. 영어로 나타내 보세요
아들: I ∨have ∧the book**which she bought**
아빠: 오케이.

절(she bought 그녀가 사 주었다)의 모양을 '**형용사절**'로 바꾸는 which는 '-ㄴ'소리가 나게 합니다.

다음에서 이상한 점을 찾아서 고쳐보세요

나는 흥미진진한 책을 가지고 있다
나는 *읽다* 책을 가지고 있다
나는 *그녀가 사 주었다* 책을 가지고 있다

나는 **읽을 예정인** 책을 가지고 있다
나는 **그녀가 사 주었던** 책을 가지고 있다

'읽을 예정인'은 <u>동사</u>(읽다)의 모양을 바꾼 것이고, '그녀가 사 주었던'은 주어 (그녀가)와 동사(사 주다)로 이루어진 <u>절(clause)</u>의 모양을 바꾼 것입니다.
그런데 '그녀가 사 주었다'라는 절의 모양을 바꾼 것이 아니라
'**그녀가 책을 사 주었다**'라는 절의 모양을 바꾼 것입니다. '사 주다'는 목적어 (책을)를 필요로 하는 동사이기 때문입니다.

그래서 '나는 **그녀가 사 주었던** 책을 가지고 있다'는 아래 2개의 절(clause)로 이루어진 문장입니다.

> 나는 책을 가지고 있다 + 그녀가 책을 사 주었다
> → 나는 | 그녀가 책을 사 주었다 | 책을 가지고 있다 (x)
> → 나는 | 그녀가　　　사 주었던 | 책을 가지고 있다 (o)

우리말은 꾸밀 때 항상 앞에 위치해서 꾸밉니다.
'어**떤** 책'처럼 명사(책)를 꾸밀 때, 꾸미는 말(어**떤**)의 형태를 '-ㄴ'모양이 붙는 말(관형어)로 바꿔야합니다.
따라서 '-ㄴ' 소리가 나는 '사 주었**던**'이 옳은 표현입니다.

이제부터 주어와 동사가 함께 있는 '절'이 명사를 꾸밀 때 '절'의 모양이 바뀌는 규칙을 살펴보겠습니다.

ⓐ 나는 **책을** 가지고 있다 + ⓑ 그녀가 책을 사 주었다
⇓
ⓒ 나는 | *그녀가 책을 사 주었다* | 책을 가지고 있다
ⓓ 나는 | 그녀가　　　사 주었던 | **책을** 가지고 있다.

'절'이 명사를 꾸밀 때 두 가지 규칙이 있습니다.
규칙❶ 중복되는 명사 **숨기기**
규칙❷ '절'의 모양을 '-ㄴ' 소리가 나게끔 바꾸기

규칙❶ 중복되는 명사 **숨기기**

이 때 주절(ⓐ)의 '책'은 그대로 두고 **주절이 아닌 절**(종속절ⓑ)의 '책'을 **숨깁니다.**

ⓐ와 ⓑ중에서 어느 것이 **주인공이 되는 절**(주절)입니까?

우리말의 경우, 여러 개의 절이 섞여 있을 때 마침표(.) 바로 앞에 있는 '-다' 소리가 나는 동사를 포함한 절이 '**주인공이 되는 절**' 즉 '주절'입니다.

왜냐하면 우리말 순서는 맨 앞에 주어가 오고 <u>맨 뒤 마침표 앞에 동사가 위치하기 때문</u>입니다.

ⓐ예문에서, 마침표(.) 바로 앞에서 '-다' 소리를 내는 '가지고 있다.'가 포함된 절(ⓐ)이 '**주인공이 되는 절**' 즉 '주절'입니다.

규칙❷ '절'의 모양을 '**-ㄴ**' **소리가 나게끔 바꾸기**

'절(clause)'이 명사를 꾸민다는 정보를 주기 위해, **주절이 아닌 '절'**(종속절)의 끝부분에 등장하는 '-다' 소리를 내는 동사(사 주었다)를 '**-ㄴ**' 소리가 나는 말(사 주었**던**)으로 **바꿉니다.**

다음 한글 낱말을 영어 순서로 나타내세요.

아빠: 나는 그녀가 사 주었던 책을 가지고 있다

아들: 나는 ∨가지고 있다 ∧ 그녀가 사 주었던 책을

아빠: 아까운데... '꾸미기원칙2'가 힌트.

　　　'그녀가 사 주었던 책'을 영어 순서로 나타내세요.

아들: 책\ 그녀가 사 주었던

아빠: 다시 해 볼게요.

　　　　　나는 그녀가 사 주었던 책을 가지고 있다

아들: 나는 ∨가지고 있다 ∧책을\ 그녀가 사 주었던

우리말	그녀가 사 주었던 책
영어	책 \그녀가 사 주었던

우리말은, 꾸미는 말이 **항상** 꾸밈을 받는 말 앞에 위치해서 꾸밉니다.
영어의 경우도 마찬가지입니다.(<u>꾸미기원칙1</u>)
그런데 여기서는 예외로, 명사(책) 뒤에 위치해서 꾸밉니다.
그 이유는 '<u>꾸미기원칙2</u>' 때문입니다.

영어에서, 주어와 동사가 함께 있는 '절'이 명사를 꾸밀 때 '절'의 모양이
바뀌는 규칙을 살펴보겠습니다.

'절(clause)'은 주어와 동사를 포함하고 있으므로 '2개 이상의 품사'가 모인 것
에 해당됩니다.
'절(clause)'이 명사를 꾸밀 때 '꾸미기원칙2'에 의해, **명사의 뒤**에 위치해서
꾸밉니다.

ⓐ I have the **book**   나는 **책**을 가지고 있다
                        +
ⓑ She bought the **book**   그녀가 **책**을 사 주었다
                        ⇓
ⓒ I have the book\ *she bought the book*
        책*그녀가 책을 사 주었다*
ⓓ I have the **book**\ **which** she bought □
        책\그녀가 □ 사 주었던

규칙❶ 중복되는 명사(book 책) **숨기기**
이 때 주절(ⓐ)의 'book 책'은 그대로 두고 **주절이 아닌 절**(ⓑ)의 'book 책'을
숨깁니다.

규칙❷ '절(clause)'의 모양을 **'-ㄴ' 소리가 나게끔 바꾸기**
꾸밈을 받는 명사(book 책)의 뒤에 위치한 '종속절(**which** she bought)'이 그
명사(book 책)를 꾸민다는 정보를 주기 위해

'종속절'의 앞부분에 'who', 'which'를 붙여 'ㄴ' 소리가 나는 형용사 역할임을 표시합니다.

'who'는 꾸밈을 받는 명사가 사람일 때 사용하고 그 외의 경우에는 'which'를 사용합니다.

the book\which she bought □   책\그녀가 □ 사 주었던

the man\who she bought □ a book   사람\그녀가 □ 책을 사 주었던

ⓑ절 'She bought the book'이 ⓐ절 'I have the book'의 명사(book)을 꾸며서 하나의 ⓓ절 'I have the book **which** she bought'이 될 수 있는 것은, **which**가 2개의 절 ⓐ와 ⓑ를 접속해 주기 때문입니다.

다음을 해석해 보세요.

> ⓔ I know the girl **who Tom met**
> ⓕ I know the girl **who is running on the playground**

> ⓔ **I know the girl who Tom met**

> | I know ^the girl | 나는 알고 있다 ^소녀를 |

know(알다)는 목적어(girl 소녀)를 이끄는 동사입니다.

문장이 길어집니다. 왜 길어질까요?

형용사(구/절) 또는 부사(구/절)가 등장하기 때문입니다.

> | who ^Tom ˅met | Tom이 만났던 |

who는 절(Tom met : Tom이 만났다)의 모양을 형용사절로 바꾼다는 정보를 줍니다.

who는 절(clause)의 모양을 '-ㄴ' 소리가 나는 형용사절로 바꾸어, 앞에 위치한 명사(girl 소녀)를 꾸밉니다. 꾸밈을 받는 명사가 사람을 나타내는 'girl (소녀)'이므로 who를 사용합니다.

| the girl\ | who ^Tom ˇmet ☐ | | 소녀\Tom이 만났던 |

meet(만나다)는 목적어를 이끄는 동사인데 목적어(girl 소녀)가 보이지 않습니다. 이것은 **중복된 단어(girl 소녀)가 사라져 'who(누구)'라는 단어에 숨어 있는 것**입니다.

| I know ^the girl\ | who ^Tom ˇmet |
| 나는 알고 있다 ^소녀를\Tom이 만났던 | |

(^: 명사,　ˇ: 동사,　\: 형용사(절))

ⓕ **I know the girl who is running on the playground**

| I know ^the girl | 나는 알고 있다 ^소녀를 |

know(알다)는 목적어(girl 소녀)를 이끄는 동사입니다.
문장이 길어집니다. 왜 길어질까요?
형용사(구/절) 또는 부사(구/절)가 등장하기 때문입니다.

| who ˇis running on the playground | 운동장에서 달리는 중인 |

who는 'girl 소녀'를 꾸미는 '형용사절'이 등장한다는 정보를 줍니다.
who 다음에 주어와 동사가 포함된 '절'이 온다고 했는데, 주어는 보이지 않고 동사(is)만 보입니다.
주어는 어디에 있나요?

| the girl\ | ^who ☐ ˇis running on the playground |
| 소녀\운동장에서 달리는 중인 | |

빙고. who 다음에 있어야 할 주어(girl 소녀)가 '주절 (I know the girl)'의 'girl (소녀)'와 중복되어 '**who(누구)**'라는 단어에 숨어 있는 것입니다.

| I know ^the girl \ | ^who ˇis running on the playground |
| 나는 알고 있다 ^소녀를\운동장에서 달리는 중인 | |

(^: 명사,　ˇ: 동사,　\: 형용사(절))

다음을 해석해 보세요.

> ⓖ The book **which Tom read** is interesting
> ⓗ The book **which is on the table** is interesting

ⓖ **The book which Tom read is interesting**

^The book **which**	책

주어(book 책) 다음에 동사가 보이지 않으므로 '책은'하고 주어임을 나타내는 '은/는'을 붙일 수 없습니다. which는 주어가 길어진다는 정보를 제공합니다. which를 보는 순간, 'book 책'을 꾸미는 '형용사절'이 등장한다는 것을 알 수 있습니다. (꾸미기원칙2 참조)

The book\	which ^Tom ᵛread ☐	책\Tom이 읽었던

이때 which가 이끄는 절(Tom read)의 'read(읽었다)'는 목적어를 이끄는 동사인데 목적어(book 책)가 보이지 않습니다. 이것은 **중복된 단어(book 책)가 사라져서 'which(어느 것)'라는 단어에 숨어 있기 때문입니다.**

The book which Tom read ᵛis	Tom이 읽었던 책은

드디어 주어(**book 책**)에 대한 동사(is)가 등장했으므로 주어임을 나타내는 '-은/-는'을 붙일 수 있습니다. ('동사는 대장이다 3')

which ^Tom ᵛread ☐

^The book\	which ^Tom ᵛread	ᵛis \interesting
^책은\Tom이 읽었던		ᵛ이다 \흥미진진한

(^: 명사   \: 형용사(절),   ᵛ: 동사)

ⓗ The book which is on the table is interesting

^The book **which**	책

which가 왔으니 The book(책)을 꾸미는 '절'이 온다는 정보입니다. 이 책이 어떤 책인지를 which 뒤에 오는 말이 설명해 줄 것입니다.

The book\	^which ˅is \on the table
책\테이블 위에 있는	

주어(book 책) 다음에 등장하는 which를 보는 순간 'book 책'을 꾸미는 '형용사절'이라는 것을 알 수 있습니다.

which 다음에 주어와 동사가 포함된 '절'이 온다고 했는데, 주어는 보이지 않고 동사(is)만 보입니다.

^which ☐ ˅is \on the table

주어는 어디에 있나요?

The book\	^which ☐ ˅is \on the table
책\테이블 위에 있는	

빙고. which 다음에 있어야 할 주어(book 책)가 중복되어 'which(어느 것)'이라는 단어에 숨어 있습니다.

The book which is on the table ˅is
테이블 위에 있는 책은

동사(is)가 등장했으니 주어임을 나타내는 '은/는'을 붙일 수 있습니다.
('동사는 대장이다 3')

^The book\	^which ˅is on the table	˅is interesting
^책은\테이블 위에 있는		˅이다 흥미진진한

(^: 명사　　　\: 형용사(절),　˅: 동사)

2. that : 목적격

아빠: 나는 　Tom이 만났던　 소녀를 알고 있다

아들: 나는 ⌄알고 있다 ∧소녀를＼　Tom이 만났던　

아빠: 영어로 말해보세요

아들: I know the girl **who** Tom met

아빠: 빙고.

다음 3개의 예문은 모두 같은 뜻입니다.

ⓐ I know the girl＼ **who** Tom met

ⓑ I know the girl＼　　　Tom met

ⓒ I know the girl＼ **that** Tom met

ⓐ에서 'who'는 '절(Tom met)'의 모양을 형용사절로 바꿔, 앞에 위치한 명사(girl 소녀)를 꾸민다는 정보를 제공합니다.

ⓑ과 ⓒ에는 'who'가 보이지 않습니다. 그런데도 앞에 위치한 명사(girl 소녀)를 꾸미는 '형용사절'이라는 것을 알 수 있습니다.

지금부터 이유를 알아보겠습니다.

ⓑ I know the girl　　 Tom met

I know ∧the girl	나는 알고 있다 ∧소녀를

동사 'know (알다)'는 'girl (소녀)'를 목적어로 이끕니다.
문장이 길어집니다. <u>형용사</u>(구.절) 또는 <u>부사</u>(구.절) 때문입니다.

I know the girl ＼∧**Tom** ⌄**met** ☐
나는 알고 있다 소녀를＼Tom이 만났던

'Tom met'은 주어(Tom)와 동사(met 만났다)가 들어있는 '절'이지만, **met(만났다)의 목적어가 보이지 않습니다**. 왜 보이지 않을까요?

보이지 않는 목적어를 통해 어떤 정보를 주기 위해서입니다.

동사 met(만났다)은 목적어를 이끄는 대장인데도 불구하고 <u>동사가 이끄는 목적어를 나타내지 않음으로써</u> '있어야 할 것이 없으니 이상하다'고 느끼게 합니다. 'Tom met □' 이라는 '절(clause)'에서 □ 자리에 있어야 할 동사 'met (만났다)'의 목적어 'girl (소녀)'를 보이지 않게 함으로써 <u>무언가를 '숨겼다'는 것을 알 수 있습니다</u>.

무엇을 숨겼을까요?
빙고. 중복되는 명사를 숨겼습니다.
ⓐ I know the girl **who** Tom met 예문의 **who를 사용하지 않고도 중복되는 명사를 숨김**으로써 '-ㄴ' 소리가 나는 형용사절(Tom met)'이 앞에 위치한 명사(girl 소녀)를 꾸민다는 **정보**를 줍니다.

다시 말해, '**Tom met □**'이라는 '**절(clause)**'이 그 앞에 위치한 명사(girl 소녀)를 꾸미는 '**형용사절**'이라는 정보를 주고 있습니다.

'절(clause)'이 명사를 꾸밀 때의 두 가지 규칙, 기억나세요?
앞 단원 'UNIT 23-1 who, which'에서 설명했죠. 여기서는 '규칙❶ 중복되는 명사 숨기기'가 적용되었습니다.
사람을 나타내는 who를 사용하지 않고도 <u>동사의 '절친'인 목적어를 숨김으로써</u> '절(clause)'이 그 앞에 위치한 명사를 꾸민다는 정보를 제공하고 있습니다.

I know ^the girl\	^Tom ˅met □
나는 알고 있다 ^소녀를\톰이 만났던	

(^: 명사, ˅: 동사, \: 형용사(절))

ⓒ I know the girl that Tom met

I know ^the girl	나는 알고 있다 ^소녀를

동사 'know (알다)'는 'girl (소녀를)'을 목적어로 이끕니다.

문장이 길어집니다. 형용사(구/절) 또는 부사(구/절) 때문입니다.

```
I know ^the girl \ that ^Tom ˅met □
나는 알고 있다 소녀를\Tom이 만났던
```

'that'이 등장한다는 것은 어떤 정보를 준다는 것일까요?
'UNIT 21 *사람들이 아침에 달리다 는 건강에 좋다*'에서 배운 것처럼 'that' 다음에 뒤따르는 '절(Tom met)'을 보는 순간, 'that'은 '절(clause)'의 모양을 바꾼다는 <u>정보</u>를 줍니다.

사실. 여기서는 'that'이라는 단어 자체가 큰 정보를 주는 것은 아닙니다. 'that' 다음에 등장하는 'Tom met □ '이라는 절(clause) 안에 마땅히 있어야 할, 동사(met 만났다)의 <u>목적어(girl 소녀)를 숨김으로써</u> ⓑ의 경우처럼 'that Tom met □ '이 앞에 위치해 있는 명사(girl 소녀)를 꾸미는 '형용사절'이라는 정보를 줍니다.

```
I know ^the girl\ that ^Tom ˅met □
나는 알고 있다 ^소녀를\톰이 만났던
```

(\: 형용사(절))

```
ⓐ I know the girl who Tom met □
ⓑ I know the girl     Tom met □
ⓒ I know the girl that Tom met □
```

ⓐ I know the girl\who Tom met 예문처럼, 명사(girl 소녀) 다음에 등장하는 **who**를 통해서 'who Tom met'은 형용사 역할을 하는 '절(clause)'이라는 것을 <u>쉽게</u> 알 수 있었습니다.
그러나 ⓑ ' ' Tom met □ 처럼 who를 생략하거나 ⓒ that Tom met □ 처럼 who가 아닌 that이 등장한 경우에도 모두 형용사 역할을 하는 '절(clause)'이라는 것을 알 수 있습니다.

그 이유는 '동사는 대장이다 1'에 따라 동사가 스스로 보어 또는 목적어를 이끄는데, **동사가 이끄는 바로 그 목적어를 숨김으로써 마치 '있어야 할 것이 없으니 이상하다'고 느끼게**끔 만들기 때문입니다. 이런 방식을 통해서, 뒤따르는 '절(clause)'은 '-ㄴ' 소리를 내는 형용사 역할을 하는 '절(clause)'이라는 정보를 제공합니다.

아빠: Tom이 읽었던 책은 흥미진진하다

아들: ^책은\ │ Tom이 읽었던 │ ∨이다 \흥미진진한

아빠: 오케이. 영어로 나타내세요.

아들: The book **which** Tom read **is** interesting

다음 3개의 예문은 모두 같은 뜻입니다.
ⓓ ^The book**which** Tom read ∨is interesting
ⓔ ^The book\　　　Tom read ∨is interesting
ⓕ ^The book\ **that**　Tom read ∨is interesting

(\ : 형용사(절))

ⓔ **The book**　　　**Tom read is interesting**

^The book	**^책**

주어 다음에 동사가 올 때 '은/는'을 붙여 '책은'이라고 할 수 있는데, 주어 (book 책) 다음에 동사가 오지 않았다는 것은 주어가 길어진다는 정보를 줍니다. (동사는 대장이다 3)

The book\^Tom ∨read □	**책\Tom이 읽었던**

주어 다음에 'Tom read □'라는 절(clause)이 등장했고 절(clause) 안에 동사(read 읽었다)의 목적어가 보이지 않게 함으로써 마치 '있어야 할 것이 없으니 이상하다'고 느끼게 합니다.

이것은 중복된 명사를 숨김으로써 'Tom read □'라는 절이 그 앞에 위치해 있는 명사(book 책)을 꾸민다는 정보를 줍니다.

The book\Tom read ⌄is
Tom이 읽었던 책은 ⌄이다

주어 'book (책)'에 대한 동사 is가 등장했으므로 **드디어** 'Tom이 읽었던 책은' 하고 **긴 주어가 끝났음**을 알리는 '-은/ -는'을 붙입니다.

^The book\ ^Tom ⌄read □ ⌄is interesting
톰이 읽었던 책은 흥미진진하다

(\: 형용사(절), ^: 명사, ⌄: 동사)

ⓕ The book that Tom read is interesting

^The book	^책

주어(book 책) 다음에 동사가 오지 않았다는 것은, 주어 뒤에 주어를 꾸미는 말이 와서 주어가 길어진다는 뜻입니다. (동사는 대장이다 3)

The book\that ^Tom ⌄read □	책\Tom이 읽었던

주어 뒤에 'that Tom read □ '를 보니, 동사 'read (읽었다)'의 목적어가 보이지 않습니다. 목적어를 <u>숨김으로써</u> 'that Tom read □ '은 앞에 위치해 있는 명사(book 책)를 꾸미는 '형용사절'이라는 정보를 제공합니다.

^The book\ that ^Tom ⌄read □ ⌄is \interesting
톰이 읽었던 책은 ⌄이다 \흥미진진한

(\: 형용사(절), ^: 명사, ⌄: 동사)

ⓓ The book **which** Tom read □ is interesting
ⓔ The book Tom read □ is interesting
ⓕ The book **that** Tom read □ is interesting

ⓓ The book**which Tom read** is interesting 예문처럼 명사(book 책) 다음에 등장하는 **which**로 인해 'which Tom read'은 형용사 역할을 하는 '절(clause)'이라는 것을 <u>쉽게</u> 알 수 있었습니다.

그리고 ⓔ ' ' Tom read ☐ 처럼 which를 생략하거나 ⓕ that Tom read ☐ 처럼 which가 아닌 that이 등장한 경우에도 형용사 역할을 하는 '절'이라는 것을 알 수 있습니다.

그 이유는 '동사는 대장이다 1'에 따라 동사가 스스로 보어 또는 목적어를 이끄는데, 동사가 이끄는 바로 그 목적어를 **숨김으로써 마치 '있어야 할 것이 없으니 이상하다'고 느끼게**끔 만들기 때문입니다.

이런 방식을 통해서, 뒤따르는 '절(clause)'은 '-ㄴ' 소리를 내는 형용사 역할을 하는 '절(clause)'이라는 정보를 제공합니다.

3. that : 주격 (the girl <u>that</u> is.. & <u>that</u> the girl is..)

아빠: 나는 <u>운동장에서 뛰고 있는</u> **소녀를** 알고 있다
아들: 나는 알고 있다 ^**소녀를**\운동장에서 뛰고 있는
아빠: 오케이. 영어로 나타내세요.
아들: I know ^**the girl**\<u>that is running on the playground</u>

아빠: 나는 **소녀가 운동장에서 뛰고 있다는 것을** 알고 있다
아들: 나는 알고 있다 ^**소녀가 운동장에서 뛰고 있다는 것을**
아빠: 빙고. 영어로 나타내세요.
아들: I know ^**that the girl is running on the playground**

아들이 답변한 두 예문은 **절(clause)이 등장한다는** 정보를 제공하는 '**that**'의 <u>위치가 달라서 그 의미도 달라집니다.</u>

(가) 다음 두 예문을 비교해 보세요.

> ⓐ I know the girl \that is running on the playground
> ⓑ I know ^that the girl is running on the playground

> ⓐ I know the girl that is running on the playground

| I know ^the girl | 나는 알고 있다 ^소녀를 |

'know(알다)'는 목적어와 '절친'인 동사입니다. (동사는 대장이다 1)
문장이 길어집니다. (동사는 대장이다 2)

형용사(절) 또는 부사(절) 때문입니다.

| I know ^the girl\ | ^that ˅is running on the playground |
| 나는 알고 있다 ^소녀를\운동장에서 달리는 중인 |

'that'은 절(clause)이 등장한다는 정보를 줍니다.

the girl\ | ^that □ ˅is running on the playground |

그런데 절(clause) 속에 있어야 할 동사(is)의 **주어가 보이지 않습니다.**
동사(is) 앞에 있어야 할 주어(girl 소녀)가 사라져서 'that'라는 단어에 숨어 있기 때문에, 'that'이 이끄는 절(clause)은 '-ㄴ' 소리를 내는 형용사절'이라는 것을 알게 됩니다.

| I know ^the girl\ | that is running on the playground |
| 나는 알고 있다 ^소녀를\운동장에서 달리는 중인 |

> ⓑ I know that the girl is running on the playground

| I know ^ | that ^the girl ˅is running on the playground |
| 나는 알고 있다 ^그 소녀가 운동장에서 뛰고 있다는 것을 |

'know(알다)'는 목적어를 이끄는 동사입니다.
목적어 자리에 'that + ^the girl ˅is'를 보는 순간, 'that + 절(clause)'이 'know(알다)'의 목적어라는 것을 알 수 있습니다.

ⓐ, ⓑ예문의 차이점은

ⓐ I know ^**the girl**\ | that □ is running on the playground |

ⓑ I know ^| **that** the girl is running on the playground |

ⓐ 예문　　　　　　　　　　　　ⓑ 예문
(알고 있는 것은 소녀)　　　　　(알고 있는 것은 소녀가 달린다는 사실)

첫째, that의 위치에 따라 동사(know)의 목적어가 달라집니다.

	know(알고 있다)의 목적어
예문ⓐ	girl 명사
예문ⓑ	the girl is running on the playground 절

ⓐ의 목적어는 '소녀'로서, '소녀와 아는 사이'라는 뜻입니다.
ⓑ의 목적어는 '소녀가 운동장에서 달리는 중이다'라는 사실입니다.

둘째, that의 위치에 따라 that의 성질이 달라집니다.

	that의 성질
예문ⓐ	'-ㄴ' 소리, ＝who
예문ⓑ	'것' 소리, ≠who

ⓐ의 that은 절의 모양을 '-ㄴ' 소리가 나는 '형용사절'로 바꿉니다.
ⓑ에서 that은 절의 모양을 '것' 소리가 나는 '명사절'로 바꿉니다.
그래서 ⓑ의 that은 who로 나타낼 수 없습니다.

아빠 : 나는 운동장에서 뛰고 있는 소녀를 알고 있다

아들 : 나는 알고 있다 ^소녀를\운동장에서 뛰고 있는

　　　I know ^the girl **that** is running on the playground

아빠 : that을 대신해서 who를 쓸 수 있을까요?

아들 : yes.

아빠 : 그럼 that을 생략할 수 있을까요?

아들 : no.

　ⓐ I know the girl **that** is running on the playground

=ⓒ I know the girl **who** is running on the playground

≠ⓓ I know the girl 　　　is running on the playground

ⓐ과 ⓒ은 같은 뜻이지만, **who 또는 that이 없는 ⓓ는 다른 뜻이 되어** 앞 페이지의 ⓑ와 같은 뜻이 됩니다.

　ⓓ I know ^| the girl is running on the playground |

=ⓑ I know ^| **that** the girl is running on the playground |

ⓓ I know the girl is running on the playground

I know ^| ^the girl ˅is running on the playground |
나는 알고 있다 ^그 소녀가 운동장에서 뛰고 있다는 것을

'know(알다)'는 목적어와 '절친'인 동사입니다. (동사는 대장이다 1)

목적어 자리에 '**the girl**'만 있었다면 'I know ^**the girl** 　나는 알고 있다 ^소녀를'이라는 뜻입니다.

'the girl' 다음에 등장하는 'is'를 보는 순간, 'I know ^**the girl** ˅is -'에서 '^**the girl** ˅is -'는 '**주어**(girl)와 **동사**(is)'로 이루어진 절(clause)이고, 바로 이 '절'이 'know(알다)'의 목적어가 된다는 것을 'UNIT 22. I know Tom is true'에서 공부했습니다.

기억나세요? 목적어 자리에서 '-것'소리가 나는 'that + 절'의 'that'만 생략하기로 약속했다는 것.

'know(알다)'의 목적어는 'girl 소녀'이라는 명사가 아니라, '그 소녀가 운동장에서 뛰고 있다'는 사실을 나타내는 절(clause)입니다.

ⓓ I know ∧ | ∧the girl ∨is running on the playground |

= I know ∧ | that ∧the girl ∨is running on the playground |

ⓓ의 경우, 내가 알고 있는 것은 '소녀'가 아니라, '소녀가 운동장에서 뛰고 있다는 사실'입니다.

반면에 아래의 ⓐ와 ⓒ의 경우 내가 알고 있는 것은 '소녀'입니다. 나는 '소녀와 알고 지내는 사이'입니다.

ⓐ I know ∧the girl \ | that □ is running on the playground |

ⓒ I know ∧the girl \ | who □ is running on the playground |

그래서 명사를 꾸미는 형용사절에서, ⓐ, ⓒ처럼 **주어가 숨어 있는** 'that, who, which'을 생략할 수는 **없습니다**. 의미가 달라지기 때문입니다.

아빠: 나는 그 소녀가 운동장에서 뛰고 있다는 것을 알고 있다

아들: 나는 알고 있다 ∧그 소녀가 운동장에서 뛰고 있다는 것을

　　　I know **that** the girl is running on the playground

아빠: that을 대신해서 who를 쓸 수 있을까요?

아들: no.

아빠: that을 생략할 수 있습니까?

아들: yes.

　I know **that the girl is running on the playground**

=I know 　　　**the girl is running on the playground**

　(나는 **그 소녀가 운동장에서 뛰고 있다는 것을** 알고 있다)

≠I know who the girl is running on the playground

(나) 다음 두 예문을 해석해 보세요.

> ⓐ **That** the book is on the table is interesting
> ⓑ The book **that** is on the table is interesting

ⓐ∧| **That** ^the book ∨**is on the table** | ∨is interesting

　∧**책이 테이블 위에 있다는 것은**　　　∨**이다 흥미진진한**

ⓑ∧The book\\| ^**that** □ ∨**is on the table** | ∨is interesting

　∧**책은**　　　\\ **테이블 위에 있는**　　　∨**이다 흥미진진한**

ⓐ, ⓑ예문의 차이점은

첫째, that의 위치에 따라서 주어가 달라집니다.

	주어
예문ⓐ	**That ^the book ∨is on the table** 명사절
예문ⓑ	**^The book** 명사

ⓐ에서 흥미진진한 것은, '책이 그 테이블 위에 있다'라는 사실이고,
ⓑ에서 흥미진진한 것은, '책'입니다.

둘째, that의 위치에 따라서 that의 성질이 달라집니다.

	that의 성질
예문ⓐ	명 사 절, '것' 소리, ≠which
예문ⓑ	형용사절 '-ㄴ' 소리, =which

ⓐ에서 that은 '절'의 모양을 '<u>것</u>' 소리가 나는 '명사절'로 바꾸고
ⓑ에서 that은 '절'의 모양을 '<u>-ㄴ</u>' 소리가 나는 '형용사절'로 바꿉니다.
그래서 ⓑ의 that은 <u>which</u>로 나타낼 수 있습니다.
ⓑ ^The book**that** is on the table ∨is interesting
　=^The book**which** is on the table ∨is interesting

그런데 ⓐ'∧| **That** the book is on the table | ∨is interesting'에서, that은 주어 자리에 위치한 절(clause)의 모양을 '-것' 소리가 나는 명사절로 바꾼다는 정보이므로, <u>which로 나타낼 수 없고</u> <u>생략할 수도 없습니다.</u>
(UNIT 22. I know Tom is true 참조)

ⓑ ^**The book**\that is on the table ˅is interesting

  ^**책은**\ 테이블 위에 있는   ˅이다 흥미진진한

≠ ^**The book**   is on the table ˅is interesting

  ^**책이 그 테이블 위에 있다는 것은** ˅이다 흥미진진한

ⓑ에서 that을 생략하면, '흥미진진한 것'은 '책'이 아니라 '책이 그 테이블 위에 있다 (**That** the book is on the table)'는 사실이 되어 버리므로 의미가 바뀌게 됩니다.

그래서 명사(book 책)를 꾸미는 형용사절(^**that** ˅is on the table)에서 **주어가 숨어 있는 'that, who, which'을 생략할 수 없습니다.** 생략 할 경우, 어디서부터 '형용사절'인지 알 수 없기 때문입니다.

그러나 **목적어가 숨어 있는** 'that, who, which'을 생략할 수 있습니다. 목적어가 보이지 않을 뿐이지 '자석의 **N극 S극**'과 같은 '^**주어** ˅**동사**'는 보이기 때문에, 어디서부터 '-ㄴ' 소리가 나는 '형용사절'이 시작되는지 알 수 있기 때문입니다.

4. 동사는 대장이다 4

(1) 생략 가능한 who, that, which

I know the girl**who Tom met** ☐

I know the girl**that Tom met** ☐

I know the girl\   **Tom met** ☐

          소녀**Tom이 만났던**

The book**which Tom read** ☐ is interesting

The book**that Tom read** ☐ is interesting

The book\   **Tom read** ☐ is interesting

      책**Tom이 읽었던**

동사는 대장입니다.

명사 다음에 위치하여 '-ㄴ'소리를 내는 '형용사절'이라는 것을 알려주는 who, which, that을 <u>생략하더라도,</u> 그 절(clause)이 '-ㄴ' 소리가 나는 '형용사절'이라는 것을 <u>알려주는 것이</u> 바로 **동사**입니다.

'meet (만나다)'와 'read (읽다)'는 ☐ 자리에 위치하는 목적어(girl 소녀를, book 책을)를 이끄는 동사입니다. 그 **동사의 목적어를 숨김으로써,** 숨겨진 목적어를 대신하고 있는 **'who, which, that'을 생략할지언정,** 목적어를 숨긴 그 절(clause)이 '-ㄴ' 소리가 나는 '형용사절'이라는 것을 알 수 있습니다.

(2) 생략 불가능한 who, that, which

I know the girl**that** ☐ **is running on the playground**
I know the girl**who** ☐ **is running on the playground**
　　　　　소녀\\운동장에서 뛰고 있는

The book**that** ☐ **is on the table** is interesting
The book**which** ☐ **is on the table** is interesting
　　　　책\\테이블 위에 있는

동사는 대장입니다.

명사를 꾸미는 '형용사절'이라는 것을 알려주는 'who, which, that'을 <u>생략하면 안 된다는 것을 알려주는 것도</u> 동사입니다.

주어와 동사는 자석의 N극, S극의 관계와 같아서 동사의 주어(who, which, that)를 생략할 수 없습니다. **'who, which, that' 다음에 주어 없이 바로 등장하는 동사를 통해서,** 'who, which, that'이 숨겨진 주어를 대신하고 있다는 것을 알려줍니다.

UNIT 24. 절 모양 바꾸기 - 부사절

Tom은 <u>맛있는</u> **사과**를 먹었다
Tom은 <u>맛있게</u> 사과를 **먹었다**
☞ 사과는 사과인데 **어떤** 사과? **맛있는 사과**
☞ 먹기는 먹는데 **어떻게** 먹었나요? **맛있게 먹었다**

'맛있는'의 '-ㄴ'이 명사(사과)와 친하다는 정보를 주고 '맛있게'의 '-게'가 동사(먹었다)와 친하다는 정보를 줍니다. 기억나세요? (UNIT 7 꾸미기)

영어에서도 '맛있게'의 '-게'처럼 동사와 친한 부사라는 정보를 주는 것들이 있습니다.
✓ happily(행복하게)처럼 형용사(happy 행복한)에 '-ly'를 붙여 부사임을 알려주는 정보
✓ 명사의 모양을 바꾸기 위해 'on' 또는 'in' 같은 전치사를 붙여 부사임을 알려주는 정보
✓ 동사의 모양을 바꾼 'to do'와 'doing'으로써 부사임을 알려주는 정보

주어와 동사가 들어있는 **절(clause)** 또한 **부사**임을 알려주는 정보들이 있습니다. 바로 절(clause)의 <u>왼쪽에 위치</u>해서 <u>정보</u>를 주는 **접속사**입니다.

'절'의 모양을 '-것' 소리도, '-ㄴ' 소리도 아닌, **다른 소리가 나는 부사절**로 바꾸는 접속사가 바로 그것입니다.

	접속사	뜻
명사절	that	'-것'
형용사절	that, who, which	'-ㄴ'
부사절	**when, because ...**	**-할 때, -때문에 ...**

1. when이 이끄는 부사절

She worked hard today	

She worked	그녀는 일했다

길어집니다. 형용사 또는 부사 때문입니다.

She worked /hard	그녀는 일했다 /열심히

'hard (열심히)'는 어떻게 일하는지(work)를 보여주는 부사입니다. 또 길어집니다. 왜 그럴까요? 역시 형용사 또는 부사 때문입니다.

She worked hard /today	그녀는 일했다 열심히 /오늘

today는 언제 일하는지(work)를 보여주는 부사입니다.

- She worked hard /today
  그녀는 **언제** 열심히 일했나요? 오늘 일했어요.
- She worked hard /in the morning
  그녀는 **언제** 열심히 일했나요? 아침에 일했어요.
- She worked hard / | when ^she ˅was young |
  그녀는 **언제** 열심히 일했나요? 그녀가 젊었을 때 일했어요.

'in the morning (아침에)'에서 명사 'the morning (**아침**)'을 부사(**아침에**)로 바꾸기 위해 전치사 'in (-안에)'을 붙인 것처럼,
'when she was young'에서 'she was young (그녀는 어렸다)'라는 '**절 (clause)**'을 **부사절**(그녀가 어렸을 **때**)로 바꾸기 위해 'when (-때)'을 붙였습니다. 다시 말해 'when (-때)'은 '절(clause)'의 왼쪽에 위치해서 '절(clause)'의 모양을 부사절로 바꾼다는 정보를 줍니다. '절(clause)'의 모양을 부사절로 바꾼다는 정보를 주는 단어(접속사)를 알아봅시다.

> '절(clause)'의 모양을 부사절로 바꾼다는 정보를 주는 단어
> - -때문에 : because, as, since
> - -하면　: if
> - -할 때　: when, as …

She worked hard **when she was young**

She worked /hard	그녀는 일했다 /열심히

'hard (열심히)'는 어떻게 일하는지(work)를 보여주는 부사입니다.
또 길어집니다. 왜 그럴까요? 역시 형용사 또는 부사 때문입니다.

She worked /hard /	when ^she ˅was young
그녀는 일했다 /열심히 /**그녀가 젊었을 때**	

when은 절(she was young 그녀는 젊었다)의 모양을 '**-할 때**' 소리가 나는 부
사절(when she was young 그녀가 젊었을 때)로 바꾸는 접속사입니다.
역시나 접속사 'when (-할 때)'도 절(she was young)의 <u>왼쪽에 위치</u>해서 절
(clause)이 등장한다는 <u>정보</u>를 제공합니다.

2. because가 이끄는 부사절

'명사'의 모양을 바꾸는 'because of (- 때문에)'와 '절(clause)'의 모양을 부사
절로 바꾸는 역할을 하는 'because (- 때문에)'를 비교해 보겠습니다.

ⓐ He is absent **because of a cold**
ⓑ He is absent **because**   he has a cold

ⓐ **He is absent because of a cold**

He is absent	그는 결석이다

'is (이다)'는 'absent (결석한)'의 대장입니다. (동사는 대장이다1)
길어집니다. 형용사 또는 부사 때문입니다. (동사는 대장이다2)

He is absent /**because of** ^a cold
그는 결석이다 /**감기 때문에**

(/: 부사(구))

'because of (- 때문에)'는 **명사**의 모양을 바꾼다는 <u>정보</u>를 줍니다.

명사(cold 감기)의 모양을 바꾼 'because of a cold (감기 때문에)'는 '왜' 결석인지(absent)를 보여주는 부사구입니다.

ⓑ **He is absent because he has a cold**

He is absent	그는 결석이다

길어집니다. 왜 그럴까요? 형용사 또는 부사 때문입니다. (동사는 대장이다2)

He is absent /	because ^he ∨has a cold
그는 결석이다 /	그는 감기에 걸렸기 때문에

(/: 부사(절))

'because (- 때문에)'는 '절(he has a cold 그가 감기에 걸리다)'의 모양을 **부사절**(because he has a cold 그가 감기에 걸렸**기 때문에**)로 바꾼다는 <u>정보</u>를 주는 접속사입니다.

3. if가 이끄는 부사절

You will find the building if you turn to the left

You ∨will find ^the building	너는 ∨찾을 것이다 ^빌딩을

길어집니다. 왜 길어질까요? 형용사 또는 부사 때문입니다.

You will find the building /	if ^you ∨turn to the left
너는 빌딩을 찾을 것이나 /	네가 왼쪽으로 돌면

(/: 부사(절))

'if (-이면)'은 '절(you turn to the left 네가 왼쪽으로 돌다)'의 모양을 **부사절**(if you turn to the left 네가 왼쪽으로 돌**면**)으로 바꾼다는 <u>정보</u>를 주는 접속사입니다.

'UNIT 18 부사 (동사의 장식품)'에서 '언제, 어디서, 왜'에 해당하는 부사구가
문장 앞에 올 수 있었던 것처럼 '언제, 어디서, 왜'에 해당하는 부사절도 문장
앞에 위치할 수 있습니다.

You will find the building │ **if** ^you ˅turn to the left │

= │ **If** ^you ˅turn to the left │ _, you will find that building

She worked hard │ **when** ^she ˅was young │

= │ **When** ^she ˅was young │ _, she worked hard

He is absent │ **because** ^he ˅has a cold │

= │ **Because** ^he ˅has a cold │ _, he is absent

단, 부사절이 '문장 앞'에 위치할 경우, '**주**인공이 되는 **절**(주절)'과 구분하기
위해 콤마(,)표시를 하는 것이 기본입니다.

그런데 '동사 다음'에 부사절이 위치할 경우, 'when-', 'because-', 'if-'로 시작
하는 '절' 앞에 콤마(,)표시를 할 필요가 없습니다.

왜냐하면 ing와 to가 '동사'의 모양을 바꾸는 것처럼, 접속사(if, when, because)
는 '절'의 모양을 부사절로 바꾼다는 <u>정보</u>를 제공하기 때문입니다.

UNIT 25. 분사 구문

아빠: 아침에 달리는 것은 좋다

아들: ∧아침에 달리는 것은 ∨이다 \좋은

　　　To run in the morning is good

아빠: 아침에 달리기 위해서, 나는 일찍 일어나다

아들: /아침에 달리기 위해서, ∧나는 ∨일어나다 /일찍

　　　To run in the morning, I get up early

> ⓐ To run in the morning is good
> ⓑ To run in the morning, I get up early

> ⓐ To run in the morning is good
> **아침에 달리는 것은**

'To run'은 동사의 모양을 바꾼다는 정보를 줍니다. 그런데 'run (달리다)'의 모양을 바꾼 것이 아니라 'run in the morning (아침에 달리다)'의 모양을 바꾼 것입니다. ('동사는 대장이다1' 참조)

뒤따르는 **is를 보는 순간**, 'To run in the morning (아침에 달리는 것)'이 '**-것' 소리**가 나는 주어라는 것을 압니다.('**동사는 대장이다3**' 참조)

> ⓑ **To run in the morning**, I get up early
> **아침에 달리기 위해서**

To run은 동사의 모양을 바꾼다는 정보를 줍니다. 그런데 'run (달리다)'의 모양을 바꾼 것이 아니라 'run in the morning (아침에 달리다)'의 모양을 바꾼 것입니다. ('동사는 대장이다1' 참조)

뒤따르는 '**콤마(,)**' 와 '**∧I ∨get**'으로 시작하는 절(I get up early)을 보는 순

간, 'To run in the morning (아침에 달리기 위해서)'는 **'-것' 소리가 나지 않는 않는다**는 것을 압니다. (UNIT 19 '동사모양 바꾸기-부사구' 참조)
왜냐하면, ⓐ예문처럼 **동사가 뒤따르지 않으므로**, 'To run in the morning (아침에 달리기 위해서)'는 **'-것' 소리가 나는 주어가 될 수 없기 때문입니다.**

문장 앞에 등장하는 'to do'는 2가지 의미가 있습니다.
첫 째, '-것' 소리가 나는 명사 역할
둘 째, '-것' 소리도, '-ㄴ' 소리도 아닌, 다른 소리가 나는 부사 역할

문장 앞에 등장하는 'to do'가 '-것' 소리가 나는지 안 나는지를 구분할 수 있는 것은 바로 **'동사는 대장이다 3'** 때문입니다.
역시 동사는 대장입니다.

아빠: Running in the morning is good
아들: 아침에 달리는 것은 좋다
아빠: Running in the morning, I listen to the music
　　　아침에 달리... ???　　　　, 나는 음악을 듣다

> ⓒ Running in the morning is good
> ⓓ Running in the morning, I listen to the music

> ⓒ Running in the morning <u>is</u> good
> 　 **아침에 달리는 것은**

'Running'은 동사의 모양을 바꾼다는 정보를 줍니다. 그런데 'run (달리다)'의 모양을 바꾼 것이 아니라 'run in the morning (아침에 달리다)'의 모양을 바꾼 것입니다. ('동사는 대장이다1' 참조)

뒤따르는 **is를 보는 순간**, 'Running in the morning (아침에 달리는 것)'이 **'-것' 소리**가 나는 주어라는 것을 압니다.('**동사는 대장이다3**' 참조)

ⓓ **Running in the morning, I listen to the music**
  아침에 달릴 때

'Running'은 'run in the morning (아침에 달리다)'의 모양을 바꾼 것입니다. ('동사는 대장이다1' 참조)

뒤따르는 **'콤마(,)'와 '^I ˅listen** to the music'을 보는 순간, 'Running in the morning'은 주어가 아니므로 **'-것' 소리가 나지 않는다**는 것을 압니다.

왜냐하면, ⓒ예문처럼 **동사가 뒤따르지 않으므로**, 'Running in the morning (아침에 달릴 때)'는 **'-것' 소리가 나는 주어가 될 수 없기 때문입니다.**

부사로 쓰이는 'to do'는 주로 '-기 위해서'라는 소리가 나지만,

부사로 쓰이는 'doing'은 'UNIT 24 절 모양 바꾸기-부사절'에서 배운 소리들이 납니다. 앞 뒤 내용을 보고 적절히 의미를 부여해야 합니다.

여기서 'Running in the morning'은 '아침에 달릴 때'의 의미입니다.

ⓓ	Running in the morning, I listen to the music
ⓔ	When running in the morning, I listen to the music

부사로 쓰이는 'doing'의 의미를 명확히 해 주기 위해서, doing의 왼쪽에 접속사를 붙이기도 합니다. 여기서는 접속사 When(-때)을 붙였습니다.

ⓔ **When running in the morning, I listen to the music**
  아침에 달릴 때

'Running'은 'run in the morning (아침에 달리다)'의 모양을 바꾼 것입니다. ('동사는 대장이다1' 참조)

뒤따르는 **'콤마(,)'와 '^I ˅listen** to the music'을 보는 순간, 'Running in the morning'는 주어가 아니므로, **'-것' 소리가 나지 않는다**는 것을 압니다.

부사로 쓰이는 'doing'은 'UNIT 24 절 모양 바꾸기-부사절'에서 배운 소리들이 난다고 했습니다. 어떤 소리일까? 'running in the morning'의 왼쪽에 위치한 **접속사 'when (-할 때)'**이 바로 그 소리를 알려줍니다. 그래서 'when running in the morning,'은 **'아침에 달릴 때,'**하는 소리가 납니다.

아빠: Running in the morning <u>is</u> good

아들: 아침에 달리는 **것은** 좋다

아빠: <u>When</u> running in the morning, <u>I listen</u> to the music

아들: 아침에 달릴 **때**, 나는 음악을 듣습니다

아빠: Running in the morning, <u>I listen</u> to the music

아들: 아침에 달릴 **때**, 나는 음악을 듣습니다

ⓒ **Running in the morning** is good
아침에 달리는 것은 좋다
ⓓ **Running in the morning**, I listen to the music
아침에 달릴 때, 나는 음악을 듣다

ⓒ의 'running (달리는 것)'처럼 '-것' 소리가 나는 'doing'을 **'동명사'**라고 합니다. 동사(run 달리다)가 '-것' 소리가 나는 명사로 바뀌기 때문입니다.

ⓓ의 'running (달릴 때)'처럼 '-것' 소리가 나지 않는 'doing'을 **'현재분사'** 라고 합니다.

ⓓ **Running in the morning**, I listen to the music
아침에 달릴 때, 나는 음악을 듣다
ⓕ The **running boy** is my brother
달리는 중인 소년은 내 동생이다

ⓕ의 'running (달리는 중인)'도 '-것' 소리가 나지 않는 'doing'이므로 **'현재 분사'**라고 합니다.

ⓕ의 'running (달리는 중인)'은 '-ㄴ' 소리가 나는 형용사 역할을 하고, ⓓ의 **'running (달릴 때)'**는 '-것' 소리도 '-ㄴ' 소리도 나지 않는 부사의 역할을 합니다.

ⓓ의 'running (달릴 때)'과 ⓕ의 'running (달리는 중인)'은 **현재분사**로서 다음 대단원(V. 기타)에서 배울 **과거분사(done -해버린)**과 대비됩니다.

특히 ⓓ의 'running (달릴 때)'처럼 '-것' 소리도 '-ㄴ' 소리도 나지 않는

'doing'이 포함된 구문을 분사구문이라고 합니다. <u>분사구문은 '-것' 소리도, '-ㄴ' 소리도 나지 않으므로</u> 부사의 역할을 합니다.

You will find the building **if you turn to the left**
너는 빌딩을 찾을 것이다   / **네가 왼쪽으로 돌면**
You will find the building,   **turning to the left**
너는 빌딩을 찾을 것이다   /   **왼쪽으로 돌면**
If you turn to the left, you will find the building
/ **네가 왼쪽으로 돌면** , 너는 빌딩을 찾을 것이다
Turning to the left,   you will find the building
/   **왼쪽으로 돌면** , 너는 빌딩을 찾을 것이다

He was absent **because he had a cold**
그는 결석이었다 /**그는 감기에 걸렸기 때문에**
He was absent,   **having a cold**
그는 결석이었다 /   **감기에 걸려서**
Because he had a cold, he was absent
/**그는 감기에 걸렸기 때문에**, 그는 결석이었다
Having a cold,   he was absent
/   **감기에 걸려서,**   그는 결석이었다

She worked hard **when she was young**
그녀는 열심히 일했다 /**그녀가 젊었을 때**
She worked hard, **being young**
그녀는 열심히 일했다 /   **젊을 때**
When she was young, she worked hard
/**그녀가 젊었을 때**, 그녀는 열심히 일했다
Being young,   she worked hard
/   **젊을 때,**   그녀는 열심히 일했다

동 사 는 대 장 이 다

PART

V

기타

UNIT 26. 'done' 형태

1. 'done' (-동작을 당한 상태인)

 다음 예문에서 이상한 점을 찾아 고쳐보세요

나는 책상을 만들다

책상은 *만들다*
→ 책상은 **만들어지다**

나는 공을 놓다

공은 *놓다*
→ 공은 **놓이다**

나는 사과를 먹다

사과는 *먹다*
→ 사과는 **먹히다**

'나는 책상을 **만들다**'에서 '책상을'은 '만들다'의 **목적어**입니다.
'책상은 **만들어지다**'에서 '책상'이 **주어**가 되면 동사 '만들다'의 형태가 '만들어**지다**'로 바뀝니다.

UNIT 6 ('-을/를'과 '-에게'가 붙는 목적어) 에서 동작의 대상을 '목적어'라고 했습니다.

우리말에서 동작의 대상인 목적어(책상을, 공을, 사과를)가 조사 '-은, -는'이 붙는 주어(책상은, 공은, 사과는)로 바뀌면, 동사의 모양 또한 **'-지, -이, -히'**가 붙는 형태(만들어**지**다, 놓**이**다, 먹**히**다)로 바뀝니다.
이때 목적어에서 주어로 바뀐 '책상은, 공은, 사과는'은 <u>동작을 하는 것이 아니</u>

라, 남이 행한 동작으로 인해서 어떠한 동작을 당한 상태인지를 나타낼 뿐입니다.

UNIT 16과 UNIT 17에서 'doing' 형태는 동사(do)를 '- (하고 있는) 중인'을 나타내는 형용사로 바꾸어 주고, 'to do' 형태는 동사(do)를 '(미래에) -할 예정인'을 나타내는 형용사로 바꾸어 준다고 했습니다. 기억나세요?

동사의 모양을 형용사로 바꿔주는 것이 하나 더 있습니다.
'동사의 3단 변화'는 '현재형 - 과거형 - 과거분사'라는 것을 배울 때, 세 번째에 등장하는 과거분사('done' 형태)가 바로 그것입니다.

현재형	과거형	과거분사	
make	made	**made**	만들어진
put	put	**put**	놓인
eat	ate	**eaten**	먹힌

다음 표에서 보듯이, 'eat-ate-eaten'의 첫 번째 놓인 현재형 동사 'eat(먹다)'와 두 번째 놓인 과거형 동사 'ate(먹었다)'은 동사이므로 주어(I) 다음에 바로 위치할 수 있습니다.

하지만 세 번째 놓인 과거분사 'eaten'은 '-다' 소리가 나는 동사가 아니라 '먹은, 먹힌'하고 '-ㄴ'소리가 나는 **형용사**이므로 주어(It) 다음에 바로 위치할 수 없고 반드시 동사(is)의 도움을 필요로 합니다.

현재형 동사	과거형 동사	과거분사	
I ˇeat it	I ˇate it	It \eaten	It ˇis **eaten**
O	O	X	O

(ˇ: 동사, \: 형용사)

그래서 동사의 모양을 형용사로 바꾸는 것은 3가지입니다.
동사와 'ing'가 만나서 '- 중인'을 나타내고,
동사와 'to'가 만나서 '-할 예정인'을 나타내고,
동사의 모양을 'done 형태'로 바꾸어, ' - 동작을 당한 상태인'을 나타냅니다.

동사의 모양을 형용사로 바꾸는 3가지
'doing' 형태는 '- 중인'을 의미
'to do' 형태는 '-할 예정인'을 의미
'done' 형태는 '-동작을 당한 상태인'을 의미

그런데 'doing' 형태와 'to do' 형태가 **명사, 형용사, 부사**로 쓰이는 반면 'done' 형태는 오로지 '-ㄴ'소리가 나는 **형용사로만** 쓰입니다.

2. 'done' (-동작을 해버린 상태인)

'-ㄴ'소리가 나는 'done' 형태의 과거분사는 또 다른 하나의 '-ㄴ'소리를 가지고 있습니다.

다음을 해석해 보세요.

ⓐ He is eating an apple	그는 사과를 먹는 중이다
ⓑ An apple is eaten	사과가 먹힌 상태이다
ⓒ He has eaten an apple	그가 사과를 **먹어버린 상태이다**

ⓐ의 eating은 '먹는 중인'이라는 형용사입니다.
ⓑ 'be eaten'의 eaten은 '먹힌 상태인'이라는 형용사입니다. 'done' 형태의 eaten은 ⓒ 'have eaten'의 'eaten'처럼 또 다른 의미가 있는데 '-동작을 해버린 상태인'을 나타내는 **먹어버린 상태인**이라는 형용사입니다.

ⓑ와 ⓒ의 eaten은 동사가 아니라 '-ㄴ'소리가 나는 **형용사이므로** 바로 <u>왼쪽에</u> 위치하는 동사의 형태 (be 또는 have) 에 따라서 의미를 달리 합니다. 'be eaten'과 'have eaten'의 각각 왼쪽에 있는 'be'와 'have'는 뜻을 가지고 있지 않습니다. 'be'와 'have'는 'eaten'의 <u>왼쪽에 위치</u>하여 'eaten'이 어떤 의미인지 알려주는 <u>정보</u>를 제공합니다.

ⓑ	**be 동사 + done**	**- 동작을 당한 상태이다**
	is eaten	먹힌 상태이다
ⓒ	**have 동사 +done**	**- 동작을 해버린 상태이다**
	has eaten	먹어버린 상태이다

이때 ⓒ의 'have 동사'는 아래 예문의 have처럼 '가지다'는 의미도 아니고 '시키다'는 의미도 아닙니다.

I **have** a book	나는 책을 **가지다**
I **have** him read a book	나는 그로 하여금 독서하게 **시키다**

: '시키다 (have)'는 다음 단원 'UNIT 27 피노키오 이야기' 참조

ⓒ의 'have 동사는 'have+done' 형태로서 '벌써 해버린 상태이다'를 나타냅니다. 뜻 없이 '-이다' 소리를 내는 형식적인 'be 동사 (am, are, is)'처럼, <u>'have+done'의 'have 동사 (have, has)'도 '-이다' 소리를 내지만, '벌써 해버린 상태이다'는</u> 정보를 주기 위해 사용하는 형식적인 동사입니다.

A shark **is eaten**	상어는 먹히다
A shark **has eaten**	상어는 먹어버리다

A shark is eaten

A shark has eaten

헐,
'eaten'이 'be 동사'를 만나느냐, 'have 동사'를 만나느냐에 따라서
상어가 먹히기도 하고 상어가 먹어버리기도 하는 **반전**이 일어납니다.

오케이.
'done' 형태의 형용사는 '-ㄴ' 소리가 나는 형용사이므로 보어로 쓰이기도 하

고 명사를 꾸밀 수도 있지만, 'doing' 또는 'to do'처럼 명사 또는 부사로는
사용할 수 없습니다.

	형용사	명사	부사
doing	o	o	o
to do	o	o	o
done	o	x	x

예) 'eat(먹다)'의 모양 바꾸기

	형용사	명사	부사
eating	먹는 중인	먹는 것	먹으면서
to eat	먹을 예정인	먹는 것	먹기 위하여
eaten	먹힌 먹어버린	-	-

다음을 해석해 보세요.

ⓐ the developed country	선진국
ⓑ the developing country	개발도상국
ⓒ the escaped man	탈출한 사람
ⓓ the eaten apple	먹힌 사과

'develop'은 '개발하다. 개발시키다'라는 동사입니다.

ⓐ 선진국: 'developed'는 '개발하다는 동작을 당한'이 아니라 '개발하는 동작
을 벌써 해버린, 개발을 완료한'이라는 형용사입니다.

ⓑ 개발도상국: 'developing'은 '개발하는 중인'이라는 형용사입니다.

the country **has developed** 그 나라는 벌써 개발을 완료하다

the country **is developing** 그 나라가 개발하는 중이다

the **developed** country (개발을 완료한 국가)

the **developing** country (개발하는 중인 국가)

'escape'는 '탈출하다'라는 동사입니다.

ⓒ 탈출한 사람: 'escaped'는 '벌써 탈출해버린, 탈출을 완료한'이라는 형용사
입니다.

the man **has escaped**   그 사람이 벌써 탈출하다

'eat'는 '먹다'라는 동사입니다.

ⓓ 먹힌 사과: 먹힌 사과를 나타내는 'eaten'은 '먹는 동작을 해버린'을 나타
내는 '벌써 먹어버린'이 아니라, '먹는 동작을 당한 상태인'을 나타내는 '먹힌'
이라는 형용사입니다.

the apple **is eaten**   사과가 먹히다

다음을 해석해 보세요.

> ⓔ the eaten apple
>   먹힌 사과

> ⓕ the apple \eaten by the horse
>   사과 \말에게 먹힌

'꾸미기원칙2'에 의해서 형용사(eaten 먹힌)가 부사(by the horse 말에게)를
동반했으므로 명사(apple) 뒤에 위치해서 꾸밉니다. (UNIT 9-5 참조)

> ⓖ ^Being loved ˅is happy
>   ^사랑받는 것은 행복하다   : 주어 (사랑받는 것은)
> ⓗ He ˅likes ^to be loved
>   그는 좋아하다 ^사랑받는 것을   :목적어 (사랑받는 것을)

'love-loved-loved'의 세 번째 놓인 과거분사 'loved'는 '-다' 소리가 나는 동
사가 아니라 '-ㄴ' 소리가 납니다. 'done' 형태의 'loved'는 형용사로만 쓰이므

로, 주어(⑧) 보어 목적어(ⓗ)의 역할을 하는 명사가 되기 위해서 'being' 또는 'to be'의 도움이 필요합니다.

> ① /**Being loved**, he is gentle with us
> = /Because he is loved,
> **사랑받아서**, 그는 우리에게 온화하다

(/ : 부사구)

'done' 형태의 'loved'는 형용사로만 쓰이므로, 부사의 역할을 하는 분사구문을 나타내는 부사가 되기 위해서 'being'의 도움이 필요합니다.

> ① He does his best /**to be loved**
> 그는 최선을 다하다 /**사랑받기 위해서**

(/ : 부사구)

'done' 형태의 'loved'는 형용사로만 쓰이므로 '-기 위해서'를 나타내는 부사가 되기 위해서 'to be'의 도움이 필요합니다.

(\ : 형용사(구,절),   / : 부사(구,절),   ^ : 명사(구,절))

UNIT 27. 피노키오 이야기 (5형식)

아빠: 다음을 듣고 어떤 모습이 보이는지 말해보세요.

　　　'그녀가 패스하다 …'

아들: **누군가에게** 패스하는 모습이 보입니다.
아빠: 빙고. 또 어떤 모습이 보이나요?
아들: **무언가를** 전달하고 있어요.
아빠: 딩동댕. 그녀가 <u>누구에게 무엇을</u> 패스하다

'패스하다 (pass)'는 동작을 하려면, '패스할 상대방 (누구에게)'와 패스할 물건 (무엇을)을 필요로 합니다.
그래서 동사 'pass (패스하다)'는 '사람 목적어'와 '사물 목적어'를 이끈다고 UNIT 6 ('-을/를'과 '-에게'가 붙는 목적어) 에서 배웠습니다.

아빠: 다음을 듣고 어떤 모습이 보이는지 말해보세요.

　　　'그녀가 명령하다 …'

아들: **누군가에게** 명령하는 모습이 보입니다.
아빠: 빙고. 또 어떤 모습이 보이나요?
아들: **지시사항을** 전달하고 있어요.
아빠: 딩동댕.

'명령하다 (order)'라는 동작을 하려면, 명령할 상대방이 있어야 하므로 'order (명령하다)'는 **명령할 상대방을 목적어**로 이끄는 동사입니다.
또한 '명령하다(order)'라는 동작을 하려면, 명령에 해당하는 지시사항이 있어야 하므로 **지시사항도** 'order (명령하다)'의 **목적어**가 될 수 있습니다.

조심할 것이 있습니다.

사람과 사물을 목적어로 이끄는 'pass (패스하다)'의 경우, **상대방**(boy 소년)'
에게 '**사물** (apple 사과)'을 패스합니다.

목적어를 필요로 하는 동사 - pass		
목적어 자리	상대방	ⓐ She passes ^the boy
		그녀가 패스하다 소년**에게**
	사물	ⓑ She passes ^an apple
		그녀가 패스하다 ^**사과를**

그런데 'order(명령하다)'의 경우 '상대방(boy 소년)'에게 '사물 (apple 사과)'
를 명령하는 것이 아닙니다.

목적어를 필요로 하는 동사 - order		
목적어 자리	상대방	ⓐ She orders ^me
		그녀가 명령하다 **나에게**
	지시사항	ⓑ She orders ^to eat an apple
		그녀가 명령하다 ^**사과를 먹기를**

상대방(boy 소년)에게 '**지시사항** (사과를 먹기 **to eat an apple)**'을 명령하는
것입니다.

즉, 지시사항이 목적어가 되는 것이지, 사물이 목적어가 되는 것이 아닙니다.

다음을 해석해 보세요.

ⓒ She orders to keep silent

ⓓ She orders to teach English

ⓔ She orders to teach him English

ⓒ	She orders ^to keep silent
	그녀가 명령하다 ^**계속 조용할 것을**

'order (명령하다)'는 목적어를 이끄는 동사입니다. 'to do'는 지시사항(keep
silent 계속 조용하다)를 목적어가 되게 해 줍니다. (UNIT 4-3 '계속 -이다, -
인 것 같다' 참조)

'to keep silent'의 'to'는 'keep (계속 -상태이다)'의 모양을 바꾼 것이 아니라

'keep silent (계속 조용한 상태이다)'의 모양을 바꾼 것입니다. 앞 단원 'Ⅲ 동사모양 바꾸기'에서 배운 'to do'. 기억나세요?

ⓓ	She orders ^to teach English 그녀가 명령하다 ^영어를 가르칠 것을

order는 목적어를 이끄는 동사입니다. 'to do'는 지시사항(teach English 영어를 가르치다)을 목적어가 되게 해 줍니다.

ⓔ	She orders ^to teach him English 그녀가 명령하다 ^그에게 영어를 가르칠 것을

'to do'는 지시사항(teach him English 그에게 영어를 가르치다)을 목적어가 되게 해 줍니다.

 질문입니다.
'order (명령하다)'의 목적어 자리에 위치한 **지시사항**이라는 것은, 'pass의 (패스하다)'의 목적어 자리에 위치하는 'apple (사과)'와 같은 **사물**과 달리, 어떤 규칙이 존재합니다. 무엇일까요?

빙고.
지시사항이라는 것은 모두 **동사(run, keep, teach)로 시작하는** 동작 또는 상태입니다.

ⓑ She orders to **run at dawn**
ⓒ She orders to **keep silent**
ⓓ She orders to **teach English**
ⓔ She orders to **teach him English**

 다시 질문입니다.
동사의 모양을 모두 'to do'를 이용해서 목적어로 바꾸고 있습니다. 왜 'ing'를 이용하지 않고 'to'만 사용했을까요?

힌트를 주자면, 'ing'는 '-하는 중인'의 성질이 있고 'to'는 미래에 '-할 예정인'의 성질이 있었습니다. 기억나세요?
(UNIT 16 '달리는 중인 & 달릴 예정인' 참조)

빙고.
명령하다(order)는 앞으로 어떻게 하라고 지시하는 것이므로 미래의 일에 대한 정보를 주는 'to do'가 알맞고, 과거부터 해 오던 일에 대한 정보를 주는 'doing'은 적절하지 않습니다.

order의 목적어인 '지시사항'이라는 것은 모두 **동사**가 이끄는 내용들이므로 **'to do'를 이용**해서 동사의 모양을 **목적어 역할을 하게끔** 명사로 바꾸었습니다.

위 예문 ⓑ.ⓒ.ⓓ.ⓔ 에서 그녀(She)가 각각의 지시사항을 명령하는 모습이 보입니다. 그런데 명령을 받는 상대방을 알 수 없습니다. 다시 말해, 누가 그 지시사항을 이행하는지가 보이지 않습니다.
그래서 예문 ⓐ'She orders **me**'에서 '**명령을 받을 상대방**'인 'me (나에게)'를 **지시사항과 함께** 나타내 보겠습니다.

그 방법은 'She passes the boy an apple'와 비슷합니다.
'pass (패스하다)'형 동사가 **상대방인 '사람 목적어'**를 '사물 목적어' 앞에 위치시켜 의미를 전달한 것처럼, (UNIT 6 '-을/를'과 '-에게'가 붙는 목적어)

pass(건네다)형 **동사** +	**상대방** +	**사물인 목적어**
give	^the boy	^an apple

'order (명령하다)'형 동사도 '**명령을 받을 상대방**'을 '지시사항' 앞에 위치시키는 것입니다.

order(명령하다)형 **동사** +	**상대방** +	**지시사항**
She orders	^me	\to eat an apple

(^: 목적어인 **명사**,   \: 보어인 **형용사(구)**)

그런데 '**목적어**'였던 **지시사항**이 '명령을 받을 상대방'과 함께 쓰일 때, **지시사항**은 더 이상 '목적어'라는 이름을 가지지 못 하고, '**보어**'라는 이름을 가지게 된다는 것을 기억하세요.

order(명령하다)형 동사		
목적어	상대방	ⓐ She orders ^me
자리	지시사항	ⓑ She orders ^to eat an apple
목적어 & **보어**	상대방 & **지시사항**	ⓕ She orders ^me \to eat an apple

1. 2개의 화면

'She orders me to run at dawn'에서 'order (명령하다)'처럼 **상대방**(me)과 **지시사항**(to run at dawn)을 동시에 이끄는 동사가 들어있는 문장은 2개의 화면을 보여줍니다.
그것은 '**주어가 어찌하는지**'에 관한 화면과 '**목적어인 상대방이 어떠한지(무엇인지)**'에 관한 화면입니다.
She orders me to run at dawn'를 통해 구분해 보면 다음과 같습니다.

주어가 어찌하다	목적어가 어떠하다(무엇이다)
She orders 그녀가 명령하다	me to run at dawn 내가 새벽에 달리는 상태인
She orders + me to run at dawn	
ⓐ She orders **me**	
ⓑ I run at dawn	
She orders me to run at dawn	

주어가 목적어에게 명령하고 (ⓐ 예문)
목적어는 지시사항을 실행합니다. (ⓑ 예문)

ⓐ에서 주어(She)는 '명령하다 (order)'는 동작을 실행합니다.
ⓐ에서 '명령하다 (order)'의 목적어(me)는 ⓑ에서 지시사항의 내용(run at dawn 새벽에 달리다)를 실행합니다.
그러므로 ⓐ 예문과 ⓑ 예문을 합하여 하나의 문장으로 만들면, <u>주어는 명령하는 모습이 보이고 목적어는 지시사항을 실행하는 모습이 보입니다.</u>

영어의 순서는 ^주어 ˅동사입니다. 주어(She) 다음에 등장하는 이 동사(order)가 '동사는 대장이다'의 바로 그 동사입니다. '^She ˅orders me to run at dawn'에서 ^주어 ˅동사는 ^She ˅order이고 동사 'order 명령하다'는 목적어(me)를 이끄는 대장입니다.

동사 'order 명령하다'는 <u>단지 목적어만을 이끄는 것이 아니고 나아가 목적어가 어떤 상태인지까지를 이끄는 동사입니다.</u> 목적어가 새벽에 달리는 모습까지 보여 줍니다.

다시 말해, 동사 'order 명령하다'가 목적어(me)를 이끌었습니다. 그리고 문장이 길어집니다. 왜죠? 형용사 부사 때문입니다. 여기서 동사 'order 명령하다'는 형용사를 이끄는 역할을 합니다. 왜냐하면 동사 'order 명령하다'가 <u>단지 목적어만을 이끄는 것이 아니고, 나아가 목적어가 어떤 상태인지까지를 알려주어야 하므로</u> 목적어가 어떠한지를 보여주는 **보충단어**가 필요하기 때문에 **보충단어**(보어)에 해당하는 형용사까지 이끌기 때문입니다.

UNIT 2 '동사는 대장이다 1'에시 동시기 회면을 보여 주지 않으면 **보충단이**(보어)가 필요했습니다. <u>주어가 어떤 상태인지 주어가 누구인지에 대한 화면이 보이지 않기 때문입니다.</u> 반면, '^She ˅orders me to run at dawn'에서는 <u>목적어(me)가 어떤 상태인지 목적어(me)가 무엇인지에 대한 화면이 보이지 않으므로</u> **보충단어**(보어)가 필요했던 것입니다. 즉, 동사 'order 명령하다'는 목적어(me)와 보어(to run at dawn)를 동시에 이끄는 동사입니다.

She orders ^me \to run at dawn
상대방(me)과 지시사항(to run at dawn)의 관계는 '**목적어(상대방)가 어떠한**

지'를 보여주는 관계입니다.

'^me \to run at dawn 내가 **새벽에 달리는 상태인**'에서
'**to run**'은 '**-다**' **소리가 나지 않습니다**. 목적어(me)가 어떤 상태인지를 보여주는 보충단어(보어)이기 때문입니다. UNIT 4 'get up (일어나다) 과 be up (서있다)'에서 설명한 것처럼 보어 자리에 올 수 있는 것은 명사와 '-ㄴ'소리 나는 형용사입니다. 여기서 '**to run**'은 '달릴 예정인'하고 '**-ㄴ**' **소리가** 납니다.

'order (명령하다)'처럼 상대방과 지시사항을 동시에 이끄는 동사가 들어있는 문장은 2개의 화면을 보여줍니다.
그것은 주어가 어찌하는지'에 관한 화면과 '**목적어가 어떠한지(무엇인지)**'에 관한 화면입니다.

She orders

I	keep silent

She orders ^me \to keep silent
: 그녀가 명령하다 ^나에게 \계속 조용한 상태에 있으라고

She orders

I	teach English

She orders ^me \to teach English
: 그녀가 명령하다 ^나에게 \영어를 가르치는 상태에 있으라고

She orders

I	teach him English

She orders ^me \to teach him English
: 그녀가 명령하다 ^나로 하여금 \그에게 영어를 가르치라고

(^: 목적어인 **명사**   \: 보어인 **형용사(구)**)

2. 목적격 보어

'목적어(me)에 대한 보어'는 '주어에 대한 보어'와 구분해야 합니다.

  'She orders ^me \to run at dawn'
  'I am \kind'

'I am \kind 나는 친절하다'에서
'보어'인 'kind (친절한)'은 <u>주어(I 나는)에 대한 보어</u>'이고
'She orders ^me \to run at dawn'에서
'보어'인 'to run at dawn (달리는 상태에 있는)'은 '주어(She 그녀)에 대한
보어'가 아니라 <u>목적어(me 나)에 대한 보어</u>'입니다.

'She orders ^me \to run at dawn'은 아래와 같이 2개의 절(ⓐ, ⓑ)을 1개
의 절(ⓒ)로 나타낸 것입니다.

  ⓐ | She orders **me** |

           ⓑ | **I**   run at dawn |

  ⓒ   She orders **me** <u>to</u> run at dawn

                ⓐ는 주절,   ⓑ는 지시사항에 해당하는 절

ⓒ의 'me'는
ⓐ에서 'order (명령하다)'의 목적어(me 나에게)이면서
ⓑ에서 'run (달리다)'의 주어(I 나는)입니다.

그런데 ⓒ 'She orders me to run at dawn'의 '주어와 동사'는 'She
orders'입니다. ⓑ에서 주어였던 'I (나는)'는, ⓒ에서 더 이상 주어가 될 수 없
고, 대장인 동사 **'order (명령하다)'의 목적어 me(나에게)로 표현됩니다.**
또한 ⓒ의 'to run at dawn'은 **목적어(me)에 대한 보어**가 되기 위해 **'-ㄴ' 소**
리가 나는 'to do'로 바뀐 것입니다.

동사 'order (명령하다)'가 **지시사항만을 목적어로 이끌 때는**, 지시사항은 'order (명령하다)'의 '**목적어**'입니다.

She orders <u>to eat an apple</u>
: 지시사항(to eat an apple 사과를 먹을 것)
She orders <u>to run at dawn</u>
: 지시사항(to run at dawn 새벽에 달릴 것)이 목적어입니다.
She orders <u>to keep silent</u>
: 지시사항(to keep silent 계속 조용할 것)이 목적어입니다.
She orders <u>to teach English</u>
: 지시사항(to teach English 영어를 가르칠 것)이 목적어입니다.
She orders <u>to teach him English</u>
: 지시사항(to teach English 그에게 영어를 가르칠 것)이 목적어입니다.

그런데 지시사항이 단독으로 쓰이지 않고 'order'의 '목적어'인 **상대방과 함께 쓰일 때**, 지시사항은 '**목적격보어**'라는 새로운 이름을 얻게 됩니다.

| order(명령하다)형 **동사** + 상대방 + **지시사항** |
| = order(명령하다)형 **동사** + 목적어 + **목적격 보어** |

3. 지각동사와 사역동사

'She orders ^me \to run at dawn'에서
동사 'order (명령하다)'의 **목적어(^)와 목적보어(\)의 성질**은
목적어의 상태가 어떠한지를 알려주는 것이 **목적보어**입니다.
동사 'order (명령하다)'의
목적어(^)만 혼자 있으면,
목적어(^)가 어떠한 모습인지를 알 수 없기 때문입니다.
목적어(^)와 함께 목적보어가 등장할 때, 비로소 목적어가 어떤 상태인지를 알 수 있습니다.

(1) see(보다)형 동사

'보거나 들어서 알아차리다'는 의미의 동사로서 '지각동사'라고 합니다.
ex) watch(보다), look at(보다), hear(듣다), listen to(듣다)

She saw **me**

I	**swim**	across the river

She saw ^**me** **swim** across the river
: 그녀는 보았다 ^내가 \강을 가로질러 수영하는 상태인 것을

그녀가 나를 보다
그녀는 나를 보는 것이 아니라
         내가 어떠한 상태인지를 보는 것입니다
그녀는 나를 보는 것이 아니라
         내가 강을 가로질러 수영하는 상태인 것을 봅니다.
주어가 목적어를 보는 것이 아니라
         목적어가 어떤 상태인지를 봅니다.

(2) have(시키다)형 동사

'시키다'는 의미를 가진 동사로서 '사역동사'라고 합니다.
'사역'이 '시키다'는 뜻입니다.
ex) let(허락하다), make(시키다)

> She makes **me**

> > | I | swim | across the river |

She makes ^me \swim across the river
: 그녀가 시키다 ^나에게 \강을 가로질러 수영하는 상태에 있게끔

그녀가 나에게 시키다
그녀가 나에게 시키는데,
　　　내가 **어떤 상태에 있게끔** 시킵니다.
그녀가 나에게 시키는데,
　　　내가 강을 가로질러 수영하는 상태에 있게끔 시킵니다.
주어가 목적어에게 시키는데
　　　목적어(내)가 어떤 상태에 있게끔 시킵니다.

목적어가 어떤 상태인지를 보여주는 화면이 목적보어입니다.

그녀는 나에게 허락하다
그녀가 나에게 허락하는데,
　　　내가 **어떤 상태에 있게끔** 허락합니다.

목적어(내)가 어떤 상태인지를 보여주는 화면이 목적보어입니다.

지각동사인 'see(보다)형' 동사와 사역동사인 'have(시키다)형' 동사는 '목적격보어' 자리에 위치한 동사의 모양을 바꾸기 위해 **to를 붙이지 않고** 사전에서 찾을 수 있는 동사 형태인 **동사원형(swim)** 그대로 보어 자리에 위치시킵니다. 하지만 보어 자리에 동사는 위치할 수 없으므로 모양만 동사원형일 뿐, '**원형 부정사(bare infinitive)**'라는 이름으로 불립니다.

She saw ^me \   swim across the river   O
She saw ^me \ *to swim* across the river   X

She makes ^me \   swim across the river   O
She makes ^me \ *to swim* across the river   X

다시 말해 우리말 '말끔히'의 '히'와 '깨끗이'의 '이'가 그렇게 사용하자고 약속한 것처럼 지각동사인 'see(보다)형' 동사와 사역동사인 'have(시키다)형' 동사의 경우 목적격보어 자리에 등장하는 동사의 모양을 **원형부정사(bare infinitive)**로 약속했다고 생각하면 됩니다.

(3) She saw me swim & She saw me swimming

ⓐ	She saw	me	swim	across the river	O
ⓑ	She saw	me	swimming	across the river	O
ⓒ	She made	me	swimming	across the river	X

또 한 가지 명심해야 할 것이 있습니다.

ⓐ She saw ^me \ swim across the river

그녀는 보았다 ^내가 \강을 건너 수영하는 상태인 것을

강을 가로질러 <u>수영하는 시작부터 끝까지 전부를</u> 지켜봤다

ⓑ She saw me swimming across the river

She saw **me**

I am swimming across the river

ⓑ-① She saw ^me \be swimming across the river
ⓑ-② She saw ^me   \swimming across the river
그녀는 보았다 ^내가 \강을 건너 수영하는 중인 상태인 것을

ⓑ-①	ⓑ-②
'이다' 소리가 나는 동사 'am'이 saw의 목적격보어이므로 원형부정사 (bare infinitive)인 'be'로 나타낸 것	목적격보어 자리에 **형용사 (swimming 수영하는 중인)**를 위치시키고 '이다' 소리를 낼 뿐인 'be'를 생략한 것
강을 가로질러 수영하는 <u>도중인 모습</u>을 보았기 때문에 강 저편에 도달했는지 알 수 없음	강을 가로질러 수영하는 <u>도중인 모습</u>을 보았기 때문에 강 저편에 도달했는지 알 수 없음

ⓒ *She made me swimming across the river* (X)

ⓒ 'She makes me swimming across the river'에서 'make(시키다)'와 같은 사역동사의 경우, 남에게 시킨다고 함은 일의 어느 지점(시작)부터 어느 지점(끝)까지 <u>전부를 시키는 것</u>이지 ⓑ-②처럼 '-하는 도중'에 있게끔 시킬 수는 없으므로 ⓒ는 올바른 표현이 아닙니다.

따라서 'see(보다)형' 지각동사의 목적격보어 자리에 '**do**ing **형태**'로 변신한 **형용사**는 올 수 있지만 'have(시키다)형' 동사인 사역동사의 경우 '**do**ing **형태**'로 변신한 형용사는 올 수 없다는 것도 알 수 있습니다.

4. 목적어＝목적격보어

다음 두 예문을 비교해 보세요

ⓐ People call me Tom	사람들이 나를 Tom이라고 부르다
ⓑ People give me books	사람들이 나에게 책을 주다

ⓑ는 UNIT 6 ('-을/를'과 '-에게'가 붙는 목적어) 에서 배웠던 내용입니다.

ⓐ만 도식화해 보면 다음과 같습니다.

People call **me**

I am Tom

People call ^**me** ^**Tom**
사람들이 부르다 ^나를 ^Tom이라고

ⓐ와 ⓑ예문의 공통점은 동사 call(부르다)와 give(주다)가 각각 명사를 2개씩 이끌고 있다는 점입니다.

예문	동사 + 명사 + 명사		
ⓐ People call me Tom	call	me	Tom
ⓑ People give me books	give	me	books

그렇다면, ⓐ와 ⓑ예문의 차이점은 무엇일까요?

UNIT 5. '그녀는 학교이다?'에서, **보어 자리에 명사가** 위치할 때 어떤 조건이 있었는지 기억나세요?
빙고. '주어 = 보어'의 관계가 성립해야 합니다.

ⓐ People call ^me ^Tom 사람들이 부르다 ^나를 ^Tom이라고	me = Tom(보어)
ⓑ People give ^me ^books 사람들이 주다 ^나에게 ^책을	me ≠ books(목적어)

'I am Tom (나는 Tom이다)'에서 '주어(I)=주격보어(Tom)'인 관계가 성립하듯이, ⓐ예문처럼 목적어(me)에 대한 목적격보어 자리에 명사(Tom)가 위치할 때도 마찬가지로 '목적어(me 나)=목적격보어(Tom)'의 관계가 성립해야 합니다.
그런데 ⓑ 'People give me books '에서 'me(나) ≠ books(책)'이므로 'books(책들)'은 동사 'give(주다)'의 '목적격보어'가 아닙니다.
'books(책들)'은 동사 'give(주다)'의 '사물 목적어'일 뿐입니다.

목적어와 함께 **목적격보어** 자리에 **명사가 등장한** ⓐ'People call ^me ^Tom' 예문과 **목적어가 2개**의 명사로 이루어진 ⓑ'People give ^me ^books' 예문을 혼동하는 경우가 많으니 주의하세요.

피노키오(Pinocchio) 이야기

피노키오의 할아버지 (Pinocchio's grandfather)를 그(He)로 표현하겠습니다. 다음을 해석해 보세요.

> ⓐ **He made Pinocchio happily**
> ⓑ **He made Pinocchio happy**

> ⓐ **He made Pinocchio / happily**

He made Pinocchio (그는 피노키오를 만들었다)
'made (만들었다)'는 목적어(Pinocchio)를 이끄는 동사입니다.
그런데 문장이 길어집니다. 형용사 또는 부사 때문입니다.
'happily (신나게)'는 '-ㄴ' 소리가 나지 않습니다. 'happily (신나게)'는 'made (만들었다)'를 꾸미는 부사입니다.

피노키오의 할아버지 (Pinocchio's grandfather)가 나무인형 피노키오 (Pinocchio)를 만듭니다. <u>그냥 만드는 것이 아니라 휘파람도 불고 흥을 내어가며 신나게 만듭니다.</u>

PART V 기타

> ⓑ **He made ^Pinocchio \ happy**

 He made Pinocchio (그는 피노키오를 만들었다)
그런데 문장이 길어집니다. '동사는 대장이다 2' 때문입니다.
'happy (행복한)'은 '-ㄴ' 소리가 나는 형용사입니다.

'꾸미기원칙 1' 기억나세요?

피노키오 이야기 (5형식) **257**

'happy Pinocchio (행복한 피노키오)'처럼
'-ㄴ' 소리를 가지고 태어난 'happy (행복한)'이 '피노키오 (Pinocchio)'의 앞에 위치하여 Pinocchio를 꾸밉니다. '-ㄴ' 소리를 가지고 태어난 'happy (행복한)'이 Pinocchio의 뒤에서 꾸밀 수는 없습니다.

그러므로 'happy (행복한)'은 목적어(Pinocchio 피노키오)가 어떤 상태인지를 알려주는 보어입니다. 그것도 목적격보어입니다.

피노키오의 할아버지 (Pinocchio's grandfather)가 거짓말쟁이 <u>피노키오 (Pinocchio)를 거짓말하지 않는 행복한 상태로 만들었습니다.</u>

```
┌─────────────────┐
│ He  made        │
└─────────────────┘
        ┌─────────────────────────────┐
        │ Pinocchio is happy          │
        └─────────────────────────────┘
```
He   made   ^Pinocchio \be happy
He   made   ^Pinocchio   \happy
: 그는 만들었다 ^피노키오가 \ 착한 상태에 있게끔

UNIT 28. 부정문 & 의문문

1인칭 주어(I 나는)으로 시작하는 긍정문, 부정문, 의문문	
I run at dawn	나는 **새벽에 달리**다
I do not run at dawn	나는 **새벽에 달리**지 **않**다
Do I run at dawn?	나는 **새벽에 달리**니?
2인칭 주어(You 너는)으로 시작하는 긍정문, 부정문, 의문문	
You run at dawn	너는 **새벽에 달리**다
You do not run at dawn	너는 **새벽에 달리**지 **않**다
Do you run at dawn?	너는 **새벽에 달리**니?
3인칭 주어(He 그는)으로 시작하는 긍정문, 부정문, 의문문	
He runs at dawn	그는 **새벽에 달립**니다
He does not run at dawn	그는 **새벽에 달리**지 **않습**니다
Does he run at dawn?	그는 **새벽에 달립**니까?
주어가 보이지 않는 명령문	
Run at dawn!	(너) **새벽에 달려**라!

주어는 3가지로 구분할 수 있습니다.

'말하는 사람'에 해당하는 '나는'을 **1인칭** 주어, '말을 듣는 사람'에 해당하는 '너는'을 **2인칭** 주어, 그리고 말하는 사람도 말을 듣는 사람도 아닌 '남에 해당하는 누군가'를 **3인칭** 주어라고 합니다.

다시 말해서, 여러분은 상황에 따라 1인칭, 2인칭 그리고 3인칭 주어가 될 수 있습니다. 예를 들어, 당신이 '**나는**'하고 말하면 당신은 '1인칭 주어'가 됩니다. 선생님께서 당신에게 '**너는**'하고 말하면, 말하는 사람인 선생님의 입장에서 당신은 '2인칭 주어'가 됩니다. 당신이 없는 자리에서 친구들이 당신을 가리켜 '**누구는**'하고 당신에 대해 말하면, 말하는 사람과 말을 듣는 사람의 입장에서 당신은 '남에 해당하는 **누구는**'에 해당하므로 3인칭 주어가 됩니다.

긍정문, 부정문, 의문문에서 주어 자리에는 1, 2, 3인칭 어떠한 주어라도 올 수 있습니다. 그런데 명령문의 경우, 말을 듣는 사람에게 하는 말이므로 2인칭 주어인 'You (너)'가 숨어 있답니다.

이제, 위에서 나열했던 10개의 예문을 긍정문, 부정문, 의문문, 명령문으로 구분해 다시 분류해 보겠습니다.

다음은 긍정문, 부정문, 의문문, 명령문으로 구분했고, ①은 1인칭 주어인 'I (나는)'으로 시작하는 예문, ②는 2인칭 주어인 'You (너는)'으로 시작하는 예문, ③은 3인칭 주어인 Tom(톰), He(그는), Jerry(제리)로 시작하는 예문입니다.

긍정문	
① I **run at dawn**	나는 새벽에 달리다
② You **run at dawn**	너는 새벽에 달리다
③ Tom **runs at dawn**	톰은 새벽에 달립니다
부정문	
① I do not **run at dawn**	나는 새벽에 달리지 않다
② You do not **run at dawn**	너는 새벽에 달리지 않다
③ He does not **run at dawn**	그는 새벽에 달리지 않습니다
의문문	
① Do I **run at dawn?**	나는 새벽에 달리니?
② Do you **run at dawn?**	너는 새벽에 달리니?
③ Does Jerry **run at dawn?**	제리는 새벽에 달립니까?
명령문	
Run at dawn	새벽에 달려라!

위 10개 예문의 공통점은 무엇일까요?

첫째, '<u>run at dawn 새벽에 달리다</u>'가 <u>한 그룹으로서 붙어 다닐 뿐이지 떨어 지지 않는다는 것입니다.</u> 그 이유는 동사(run 달리다)가 대장이므로 부 사(at dawn 새벽에)라는 친구를 이끌어 함께 다니기 때문입니다.
농사가 내상입니다.

둘째, 달리다. 달리**지 않다**. 달리**니? 달려라!**
우리말에서 부정문, 의문문, 명령문임을 알려주는 정보가 발생하는 곳은 '-다.' 소리가 나는 동사 근처입니다.
영어에서도 동사의 형태를 이용하는데, 어떠한 경우에도 **'run at dawn' 을 떼어 놓지 않는 방식으로 동사**(do, does, did)**를 이용하고 있습니다.**

1. 부정문

아빠: 너는 새벽에 달리다
아들: 너는 ˇ달리다 /새벽에
아빠: 너는 새벽에 달리지 않다
아들: 너는 ˇ**아니** 달리다 /새벽에
아빠: 영어로 나타내면,
아들: You ˇ**do not** run /at dawn

'너는 새벽에 **달리다**'를 부정문으로 고치면
'너는 새벽에 **달리지 않다**'입니다.

우리말 '달리지 않다'는 동사 '달리다'의 부정 또는 반대를 나타내는 '아니'의 결합으로 이루어진 말입니다.
영어에서도 마찬가지로, **동사 'run (달리다)'와 부정 또는 반대를 나타내는 'not (아니)'의 결합으로 '달리지 않다'를 나타냅니다.**

'You **run at dawn**'을 부정문으로 고치면
'*You **run** not **at dawn***'일까요?
아닙니다.
동사 'run (달리다)'는 부사(at dawn 새벽에)를 이끄는 대장이므로
'**run at dawn** (새벽에 달리다)'는 떨어질 수 없는 '절친' 사이입니다. '*not*'이
'**run at dawn**' 사이에 끼어들 수 없습니다.

'UNIT 9-3 모양 바꾸기는 왼쪽에서' 공부한 것처럼, '**not**'이 '**run at dawn**'의
왼쪽에 위치해서 부정문이라는 정보를 제공해야 합니다.

'You **run at dawn**'을 부정문으로 고치면
'*You not **run at dawn***'일까요?
아쉽게도 **아닙니다.**
영어의 순서는 '주어ˇ동사'이고, 주어 다음에 '-다' 소리가 나는 동사가 등장해

야 하는데 'not (**아니**)'는 '-다' 소리가 나지 않습니다.

'You **run at dawn**'을 부정문으로 고치면
'You do not **run at dawn**'일까요?
맞습니다.
영어의 순서는 '주어ˇ동사'이므로, 주어 다음에 '-다' 소리가 나는 형식적인 동사인 'do, does, did'를 위치시키는 것입니다.

질문입니다.
아빠: 그는 숙제를 하다
아들: 그는 ˇ하다 ^숙제를
아빠: 영어로 나타내면,
아들: He ˇdoes ^his homework

아빠: 오케이. 다시 질문입니다.
　　　그는 숙제를 하지 않다
아들: 그는 ˇ**아니** 하다 ^숙제를
아빠: 영어로 나타내면,
아들: He ˇ**does not** do ^his homework

> He ˇ**does** ^his homework
> 그는 ˇ**하다** ^숙제를

'do (하다)'는 무언가를 하는 모습이 보이므로 목적어 (숙제를 homework)를 필요로 하는 동사입니다.
동사는 대장으로서 보어, 목적어, 부사를 이끄는 역할을 합니다. 그래서 목적어를 이끄는 'do (하다)'는 대장 역할을 하는 '**본래의 성질을 가진 동사**'이므로 '**본동사**'라는 이름을 가집니다.

> He ˇ**does not** do ^his homework
> 그는 ˇ**아니** 하다 ^숙제를

'He does not'은 주어가 어찌하는지 화면이 보이지 않고 단지 '아니'라는 부

정문임을 알려주는 <u>정보</u>만 제공합니다.

이때 'does'는 뜻이 없는 형식적인 동사입니다. 그래서 '<u>보조</u>하는 **동사**'라고 해서 '**조동사**'라는 이름을 가집니다.
'He does not **do** ^**his homework**' 에서 드디어 주어가 어찌하는지 화면이 보입니다.
'do (하다)'는 무언가를 하는 모습이 보이므로 목적어(homework 숙제를)를 필요로 하는 동사입니다. 이 때 'do (하다)'는 대장 역할을 하는 '**본래의 성질을 가진 동사**'이므로 '**본동사**'라는 이름을 가지는 것은 당연합니다.

모양 바꾸기와 정보는 왼쪽에서.
'not do his homework'에서 'not'은 'do his homework'의 <u>**왼쪽에 위치**</u>해서 '<u>아니</u>' 라는 **정보**를 줍니다.

2. 의문문

아빠: 너는 새벽에 달리다
아들: 너는 <u>ˇ달리다 /새벽에</u>
아빠: 너는 새벽에 달리니?
아들: 너는 ˇ니? <u>달리다 /새벽에</u>
아빠: 아까운데.
　　　영어 순서(^주어 ˇ동사)를 바꾸면 됩니다.
아들: ˇ-니? <u>너는 달리다/새벽에</u>
아빠: 빙고, 영어로 나타내면,
아들: ˇDo you <u>run /at dawn</u>?

'너는 새벽에 달리다'를 의문문으로 고치면
'너는 새벽에 달리니?'입니다.

우리말 '달리니?'는 동사 '달리다'와 의문을 나타내는 '-니?'의 결합으로 이루어진 말입니다.

영어에서는 의문을 나타내는 '-니?' 또는 '-까?'에 해당하는 단어가 없고, **'동사를 주어 앞에 위치시킴으로써 의문문임을 나타냅니다.**

'You **run at dawn**'을 의문문으로 고치면
'*Run you at dawn*'일까요?
아닙니다.
'run (달리다)'는 부사구(at dawn 새벽에)를 이끄는 동사이고
'run at dawn (새벽에 달리다)'는 '절친'이므로 뗄 수 없습니다.

어떤 동사를 주어 앞에 위치시켜야 할까요?
빙고. 부정문의 경우처럼, '-다' 소리가 나는 형식적인 동사인 'do, does, did'를 이용합니다.
동사(do, does, did)를 **주어 앞에 위치시켜,** '-니?' 또는 '-까?' 소리가 나는 **의문문이라는 정보를 주는 것입니다.**

'You **run at dawn**'을 의문문으로 고치면
'Do you **run at dawn?**'입니다.
'**run at dawn**'은 떨어질 수 없는 사이이므로 주어(you) 앞에 동사(do, does, did)를 위치시켜 '-니?' 또는 '-까?' 소리가 나는 의문문이라는 정보를 주는 것입니다.

모양 바꾸기와 정보는 왼쪽에서.
'Do you run at dawn?'에서 주어 동사의 순서를 바꾼 Do you가 run at dawn의 **왼쪽에 위치**해서 <u>'-까?' 소리가 나는 의문문이라는 **정보**</u>를 줍니다.

질문입니다.
아빠: 그는 숙제를 하다
아들: 그는 ∨하다 ∧숙제를
아빠: 영어로 나타내면,
아들: He <u>∨does</u> <u>∧his homework</u>

아빠: 오케이. 다시 질문입니다.

　　　그는 숙제를 합니까?

아들: ˅-까? 그는 하다 ^숙제를

아빠: 영어로 나타내면,

아들: ˅Does he do ^his homework

> ˅Does ^he **do his homework**
> **-까? 그는 하다 숙제를**

'˅Does ^he'에서 영어 순서(^주어 ˅동사)가 바뀌었다는 정보를 제공함으로써, '-까?' 소리가 나는 의문문임을 알려줍니다.

이때 'Does'는 뜻이 없는 형식적인 동사입니다. 그래서 '보조하는 동사'라고 해서 '조동사'라는 이름을 가집니다.

'Does he ˅do ^his homework?'에서

드디어 주어가 어찌하는지 화면이 보입니다.

'do (하다)'는 무언가를 하는 모습이 보이므로 목적어(homework 숙제를)를 필요로 하는 동사입니다. 'do (하다)'가 바로 대장으로서 동사 본래의 역할을 하는 '본동사'입니다

3. 명령문

아빠: 새벽에 달려라

아들: ∨라. <u>달리다 /새벽에</u>

아빠: 아까운데

'-해라' 소리가 나는 명령문은 지시를 듣는 2인칭 (you 너)에게 하는 말입니다.

영어 순서(^주어 ∨동사)에서 <u>주어(you)를 생략하면</u> ∨동사는 '-다' 소리가 나지 않고 바로 명령문이라는 정보입니다.

아들: <u>∨달려라 /새벽에</u>

아빠: 빙고, 영어로 나타내면,

아들: <u>∨Run /at dawn</u>

'너는 새벽에 달리다'를 명령문으로 고치면

'새벽에 달려라!'입니다.

우리말 '달려라!'는 동사 '달리다'와 명령을 나타내는 '-라!'의 결합으로 이루어진 말입니다.

영어에서는 명령을 나타내는 '-라!'에 해당하는 단어가 없고, '-라!' 소리가 나게끔, 주어는 나타내지 않고 **'동사 원형'을 문장 앞에 위치시킴으로써 명령문임을 나타냅니다.**

'He runs at dawn'을 명령문으로 고치면

'Runs at dawn!' 일까요?

아닙니다. 'runs'은 '동사 원형'이 아닙니다.

<u>명령문은 지시를 듣는 2인칭(you 너)에게 하는 말입니다.</u>

He **runs** at dawn ⇒ (You) **run** at dawn : 명령문
Run at dawn!　(O)
Runs at dawn!　(X)

명령문은 말을 듣는 2인칭 주어인 'You (너)'에게 하는 말입니다. 주어(You

너는)는 나타내지 않고, 사전에서 찾을 수 있는 단어형태인 '동사 원형(run)'을 표기하자고 규칙을 만든 것입니다.

부정문은 '주어∨동사'의 <u>순서를 준수하면서</u> 'not (아니)'을 이용하고, 의문문과 명령문은 '주어∨동사'의 <u>순서를 어김으로써</u> 정보를 제공합니다.

의문문은 '-까?' 소리가 나는 동사를 주어 앞에 위치시켜 의문문이라는 정보를 주고, 명령문은 주어 없이 '동사 원형'을 문장 앞에 위치시켜 명령문이라는 정보를 제공합니다.

'-이다' 소리를 내는 'be동사'가 '주어+동사'의 형식을 맞추는 역할을 하는 것처럼,
부정문에서 **주어 다음에** 위치한 'do does did'는 단지 '-다' 소리를 내는 형식적인 동사이고,
의문문에서 **주어 앞에** 위치한 'do does did'는 단지 '-까?' 소리를 내는 형식적인 동사입니다.
이때 'do does did'는 '주어+동사' 또는 '동사+주어'라는 순서를 맞추기 위해서 사용된 형식적인 동사로서 **이제 곧** 대장인 **동사가 등장한다는 정보**를 줍니다.
반면 '-이다' 소리를 내는 be동사도 '주어+동사' 또는 '동사+주어'라는 순서를 맞추기 위해서 사용된 형식적인 동사이지만, be동사는 **보어가 등장한다는 정보**를 줍니다.

4. 'be 동사'의 부정문, 의문문

아빠: 너는 가수이다
아들: 너는 ∨이다 <u>ㅅ가수</u>
아빠: 너는 가수가 아니다
아들: 너는 ∨아니다 <u>ㅅ가수</u>

아빠: 영어로 나타내면,
아들: You ⌄are not ^a singer

▶ 'You **do not** <u>run at dawn</u>　 너는 새벽에 **달리지 않다**'에서
'달리지 않다'는 '달리다'라는 동사를 부정하는 것이므로 **동사(run 달리다) 앞에 부정을 나타내는 not을 위치시킵니다.**
You *not* <u>run</u> at dawn
물론, 주어 다음에 동사가 위치해야 하므로 '-다' 소리를 내는 조동사(do)를 위치시킵니다.
You **do not** <u>run at dawn</u>　 (O)

▶ 'You are **not a singer**'에서
'가수가 아니다'는 '가수'라는 명사를 부정하는 것이므로 **명사(a singer 가수) 앞에 부정을 나타내는 not을 위치시킵니다.**
이때, be동사 'are (-이다)'는 애당초 뜻 없이 단지 '-다' 소리를 낼 뿐인 형식적인 동사라는 것은 이미 알고 있습니다.
You are not a singer
주어 다음에 '-다' 소리가 나는 동사(are)가 위치해 있으므로 별도의 조동사(do)를 위치시킬 필요가 없습니다.

아빠: 그는 친절하다
아들: 그는 ⌄이다 \친절한
아빠: 그는 친절하지 않다
아들: 그는 ⌄아니다 \친절한
아빠: 영어로 나타내면,
아들: He ⌄is not \kind

아빠: 그는 친절합니까?
아들: 입니까? 그는 \친절한
아빠: 영어로 나타내면,
아들: ⌄Is he \kind?

▶ 'He is **not kind**'에서
'친절하지 않다'는 '친절한'이라는 형용사를 부정하는 것이므로 **형용사(kind 친절한) 앞에 부정을 나타내는 not을 위치시킵니다.**
물론, be동사 'are (-이다)'는 애당초 뜻 없이 단지 '-다' 소리를 낼 뿐인 형식적인 동사라는 것은 이미 알고 있습니다.

하지만 'He does not is kind.'이라고 할 수 없습니다. 왜냐하면 '친절하지 않다'는 'ㄴ' 소리를 내는 'kind (친절한)'을 부정하는 것이지, '이다' 소리를 내는 'is'를 부정하는 것이 아니기 때문입니다. 그래서 'not'은 'kind'앞에 위치해야 한답니다.

He **is not kind**
주어 다음에 '-다' 소리가 나는 동사(is)가 위치해 있으므로 별도의 조동사(does)를 위치시킬 필요가 없습니다.

▶ '∨Is he /kind?' '입니까? 그는 착한'

'∨Is ^he'
'-이다' 소리가 나는 동사(is)가 주어 앞에 위치해 있으므로 '입니까?' 소리가 나는 의문문이라는 정보를 제공합니다.
be동사(is)는, 긍정문과 부정문에서 '-이다' 소리를 내고 의문문에서는 '입니까?' 소리를 내기 때문에, 별도의 조동사(does)를 위치시킬 필요가 없습니다.

> 영어에서 의문문이라는 정보를 제공하는 것은 '주어∨동사'의 순서를 **어기는 것입니다.**
> '∨동사^주어   ?' : 동사를 주어 앞에 위치시켜 의문문이라는 정보를 제공합니다.

'be 동사'는, 'run'과 같이 의미(달리다)를 가지는 '일반 동사'와 달리, 의미를 갖지 않고 '-이다' 소리를 내기만 하는 동사이므로 별도의 조동사(do, does, did)를 위치시킬 필요가 없습니다.

- 일반 동사 (run 달리다)

	우리말			영어		
긍정문	너는		달리다	You		run
부정문	너는	아니	달리다	You	do not	run
의문문	까? 너는		달리다	Do you		run

- be 동사 (-이다)

	우리말			영어		
긍정문	그는 이다		친절한	He	is	kind
부정문	그는 아니다		친절한	He	is not	kind
의문문	입니까? 그는		친절한	Is	he	kind?

UNIT 29. 너는 *그녀가 달립니까*를 알고 있다 (간접의문문)

 틀린 부분을 찾아서 고쳐보세요

너는 *그녀가 새벽에 달리다*를 알고 있다.
⇒ 너는 **그녀가 새벽에 달리는 것을** 알고 있다.

너는 *그녀가 새벽에 달립니까*를 알고 있다.
⇒ 너는 **그녀가 새벽에 달리는지를** 알고 있다.

첫 번째 예문은 목적어 자리에 긍정문(그녀가 새벽에 달리다.)인 절(clause)이 위치하고 두 번째 예문은 목적어 자리에 의문문(그녀가 새벽에 달립니까?)인 절(clause)이 위치한다는 차이점이 있습니다.

첫 번째 예문에서,

ⓐ 너는 <u>그것을</u> 알고 있다.
     그것 = ⓑ그녀가 새벽에 달리다.

ⓒ 너는   *그녀가 새벽에 달리다*   를 알고 있다.
⇒ 너는 <u>그녀가 새벽에 달리는 **것을**</u> 알고 있다.

ⓐ절(clause)의 밑줄 친 '그것을' 자리에 ⓑ절(clause)을 넣어 만든 예문이 ⓒ 입니다. 이때 '달리는 **것**'의 '**것**'은 동사(달리다)의 모양을 바꾸기 위해서가 아니라, '**절 (그녀가 새벽에 달리다)'의 모양**을 바꾸기 위해서 붙인 것입니다.

ⓐ You know <u>ᐱit</u>.   너는 <u>그것을</u> 알고 있다.
            it = ⓑ She runs at dawn.
                    그녀가 새벽에 달리다.
ⓒ You know   she runs at dawn   .
⇒ You know <u>ᐱ**that** she runs at dawn</u>.

이때 **that**은 목적어 자리에 절(clause)이 위치할 때 '절'의 모양을 바꾸기 위해 붙인 것입니다. (UNIT 21 *사람들이 아침에 달리다* 는 건강에 좋다, UNIT 22 I know Tom is true 참조)

이제 위의 마침표(.)가 있는 ⓑ절을 물음표(?)가 있는 의문문으로 바꾸었을 때, 즉, **의문문이** 목적어 자리에 위치할 때 어떤 변화가 생기는지 보겠습니다.

두 번째 예문에서,

ⓐ 너는 <u>그것을</u> 알고 있다.
　　그것 = ⓓ그녀가 새벽에 달립니까?

ⓔ 너는 　 *그녀가 새벽에 달립니까* 　 를 알고 있다.
⇒ 너는 <u>그녀가 새벽에 달리는지(아닌지)</u>를 알고 있다.

ⓐ절(clause)의 밑줄 친 '그것을' 자리에 의문문인 ⓓ절(clause)을 넣어 만든 예문이 ⓔ입니다. 이때 **'달리는지(아닌지)'의 '-인지(아닌지)'**는 목적어 자리에 위치한 ⓓ절(clause)이 **의문문이라는 것을 알려주는 정보**입니다. 즉, '<u>-인지(아닌지)</u>'는 목적어 자리에 <u>의문문인 절(clause)이 위치할 때</u> '<u>절 (그녀가 새벽에 달립니까)</u>'의 모양을 바꾸기 위해 붙이는 것입니다.

ⓐ You know <u>it</u>.　　　　　너는 <u>그것을</u> 알고 있다.
　　　　　it = ⓓDoes She run at dawn?
　　　　　　　그녀가 새벽에 달립니까?
ⓔ You know 　 *does she run at dawn* 　.
⇒ You know **whether** she **runs** at dawn.

이때 **whether**은 의문문이 명사의 역할을 하는 '-인지(아닌지)' 소리가 나게끔, 그 의문문의 모양을 바꾼다는 정보를 줍니다.
'-까?' 소리가 들려야 의문문인데 '-인지(아닌지)'에는 '-까?' 소리가 없으므로 물음표(?)를 붙일 수 없습니다.

그래서 의문문 순서(동사+주어)인 'does she …'에서 '-까' 소리가 나는 동사(does)를 **주어 앞에 위치시킬 수 없습니다.** 그러므로 영어의 일반 순서인 '주어+동사' 순서에 따라 'she runs'라고 나타냅니다.

'-인지(아니지)'는, 비록 '-까?' 소리가 나는 직접의문문의 형태는 아니지만, 궁금함을 자아내는 것은 여전하므로 **간접의문문** 형태라고 표현하며, ⓒ의 '것' 소리가 나는 'that'과 구분하기 위해서 '**whether** (-인지 아닌지)'를 사용합니다.

참고로 3인칭 주어(she)에 알맞은 does라는 조동사를 사용해서 직접의문문을 나타내듯이, 동사 run 또한 3인칭 주어(she)에 알맞은 동사의 형태(runs)로 나타내야 한다는 것을 잊지 마세요!

질문입니다. 다음 두 예문의 공통점과 차이점은 무엇일까요?

너는 그녀가 새벽에 달리는**지**(아닌지)를 알고 있다.
너는 그녀가 새벽에 달리는지(아닌지)를 알고 있니?

- 공통점: '그녀가 새벽에 달리는**지**(아닌지)'라는 간접의문문을 포함
- 차이점: '주절'이 다릅니다. 두 번째 예문은 '주절(너는 알고 있니?)'이 의문문이기 때문에 물음표(?)를 붙인 것입니다.

ⓕ 너는 <u>그것</u>을 알고 있니?
　　 그것 = ⓑ그녀가 새벽에 달리다.
ⓖ 너는 | *그녀가 새벽에 달리다* | 를 알고 있니?
⇒ 너는 <u>그녀가 새벽에 달리는 **것**</u>을 알고 있니?

ⓕ절(clause)의 밑줄 친 목적어 위치에 ⓑ절(clause)을 넣어 만든 예문이 ⓖ입니다. 이때 '달리는 **것**'의 '**것**'은 목적어 자리에 절(clause)이 위치할 때 '절'의 모양을 바꾸기 위해 붙인 것이었습니다.
주의할 점은 ⓕ절(clause)이 의문문이므로 물음표(?)가 있다는 것이, 앞 페이지

의 ⓐ예문(You know it. 너는 그것을 알고 있다.)이 긍정문이므로 마침표(.)가 있던 것과 다르다는 점입니다. ⑧절의 물음표(?)는 '주절'인 ⓕ절(너는 그것을 알고 있니?)의 영향을 받아 생긴 것입니다.

우리말로 나타냈을 때 문장의 끝부분 마침표(.)앞의 동사가 들어있는 '절'을 주인공이 되는 **주절**, 그렇지 않은 '절'을 **종속절**이라고 한다고 말했습니다. 어디서 배웠었죠? 오케이. UNIT 23 '그녀가 사 주었*다* 책 (형용사절)'에서 배웠습니다.

마찬가지로 우리말로 의문문을 표현할 때 문장의 끝부분 '-까?'에 해당하는 동사가 들어있는 '절'을 주인공이 되는 **주절**, 그렇지 않은 절을 **종속절**이라고 합니다.

ⓕ Do you know <u>it?</u>　　너는 <u>그것을</u> 알고 있니?
　　　　　　it = ⓑ She runs at dawn.
　　　　　　그녀가 새벽에 달리다.
ⓖ Do you know ┃ she runs at dawn ┃ ?
⇒ Do you know **that** she run at dawn?

이때 **that**은 목적어 자리에 절(clause)이 위치할 때 '절'의 모양을 바꾸기 위해 붙이는 것이라고 했습니다. 이제 위의 마침표(.)가 있는 'ⓑ 절 (그녀가 새벽에 달리다.)'를 아래처럼 물음표(?)가 있는 의문문인 'ⓓ 절 (그녀가 새벽에 달립니까?)'로 바꾸었을 때 어떤 변화가 생기는지 보겠습니다.

ⓕ 너는 <u>그것을</u> 알고 있니?
　　그것 = ⓓ 그녀가 새벽에 달립니까?
ⓗ 너는 ┃ *그녀가 새벽에 달립니까* ┃ 를 알고 있니?
⇒ 너는 <u>그녀가 새벽에 달리는**지**</u>(아닌지)를 알고 있니?

ⓕ절(clause)의 밑줄 친 '그것을' 자리에 <u>의문문인 ⓓ절(clause)</u>을 넣어 만든 예문이 ⓗ입니다. 이때 '달리는지(아닌지)'의 '-인지(아닌지)'는, ⓕ절 동사 '알고 있니?'의 목적어 <u>ⓓ절(그녀가 새벽에 달립니까?)가 애당초 **의문문**이었다는</u> **정보**를 제공합니다.

즉, '-인지(아니지)'는 <u>애당초 의문문이었던 '절(clause)'의 모양을</u> 바꾸기 위해 붙이는 것입니다.

  ⓕ Do you know <u>it</u>? 너는 <u>그것을</u> 알고 있니?
     it = ⓓ Does She run at dawn?
       그녀가 새벽에 달립니까?
  ⓗ Do you know | *does she run at dawn* | ?
  ⇒ Do you know **whether** she runs at dawn?

이때 whether(-인지 아니지)는 <u>의문문이 '-까' 소리가 나지 않는 명사 역할(목적어)을 할 때</u> 그 의문문의 모양을 바꾸기 위해서 붙이는 것입니다.

'-까?' 소리가 날 때 의문문입니다. 그런데 '그녀가 새벽에 달리는지(아닌지)'는 '-까?' 소리가 나지 않으므로 물음표(?)를 붙일 수 없습니다. 그래서 의문문 순서(**동사**+주어)인 '**does** she …'로 할 수도 없으므로, 영어의 일반 순서인 '주어+동사' 순서에 따라서 'she runs'라고 나타냅니다.

'**-인지(아니지)**'는, 비록 '-까?' 소리를 내는 직접의문문의 형태는 아니지만, 궁금함을 자아내는 것은 여전하므로 **간접의문문** 형태라고 표현하며, ⑧Do you know **that** she run at dawn?의 '것' 소리가 나는 'that'과 구분하기 위해서 '**whether**'를 사용합니다.

<u>⑧ Do you know that she run at dawn?와 ⓗ Do you know whether she runs at dawn? 의 의문부호(?)</u>는 '주절' ⓕ '너는 …을 알고 있니? (Do you know …?)'가 의문문이기 때문에 붙인 것입니다. ⓓ'Does She run at dawn?'의 물음표와는 어떠한 관계도 없다는 것을 잊지 마세요!

정리합니다. '**Do you know whether she runs at dawn?**'의 'know 알다'는 목적어를 이끄는 동사이고 목적어 자리의 'whether(-인지 아닌지)'를 보는 순간 '절 (she runs …)'이 know의 목적어임을 알게 됩니다.

> Do you know ^**whether she runs at dawn**?
> 너는 **그녀가 새벽에 달리는지 아닌지를** 알고 있니?

             (^: 명사(절))

UNIT 30. 동사는 진짜로 대장이다

1. I will run if- & I know if-

whether는 '절'을 이끈다는 정보를 주는 단어로서 그 의미는 '-인지(아닌지)' 입니다.

if도 마찬가지로 '절'을 이끈다는 정보를 주는 단어입니다. whether처럼 '-인지(아닌지)'의 의미를 가지고 있습니다. 하지만 if는 '-이면'이라는 의미를 가지는 것도 배웠습니다. 기억나세요? (UNIT 24 '절 모양 바꾸기-부사절' 참조) 그래서 if의 의미는 크게 두 가지입니다.

다음을 해석해 보세요.

ⓐ I will run with her if she runs in the park
ⓑ I know if she runs in the park

ⓐ I will run with her if she runs in the park

I will run	나는 달릴 것이다
I will run **/with her**	나는 달릴 것이다 **/그녀랑**

동사 'run (달리다)'는 '달리는 화면'을 보여 줍니다. 'run (달리다)'은 보어 또는 목적어를 이끌지 않습니다. (동사는 대장이다1)

그런데 문장이 길어집니다. 왜 길어질까요? 부사가 등장하기 때문입니다. (동사는 대장이다2)

뒤따르는 with(-와 함께)를 보는 순간, 명사(her 그녀)가 등장한다는 것을 압니다. with(-와 함께)가 명사의 <u>왼쪽에 위치</u>해서 <u>정보</u>를 제공하기 때문입니다. '동사는 대장이다2' 때문에 'with her (그녀와 함께)'는 'run (달리다)'를 꾸미는 '부사구'라는 것을 압니다.

그런데 문장이 길어집니다. 형용사 또는 부사가 등장한다는 정보를 제공하는 것입니다. (동사는 대장이다2)

I will run /with her /if she runs in the park
나는 달릴 것이다 /그녀랑 / 그녀가 공원에서 달리면

if를 보는 순간, '절(clause)'이 등장한다는 것을 압니다. if가 '절(clause)'의 <u>왼쪽에 위치</u>해서 <u>정보</u>를 제공하기 때문입니다.

if를 보는 순간, 'if+절(clause)'은 '부사절'이라는 것을 압니다. **'동사는 대장이다2'** 때문에, 형용사 또는 부사가 등장해야지 명사가 올 수는 없기 때문입니다, 그래서 if는 '-이면'의 뜻을 가진다는 것을 압니다.
'I will run'의 <u>동사 'run (달리다)'</u>가 대장이기 때문입니다.

I will run /with her /if she runs in the park
나는 달릴 것이다 /그녀랑 /그녀가 공원에서 달리면

(/: 부사(구, 절))

ⓑ I know if she runs in the park

I know	나는 알고 있다
I know ^if she runs in the park	

동사 'know (알다)'는 목적어를 이끄는 동사입니다.
if를 보는 순간, '절(clause)'이 등장한다는 것을 압니다. if가 '절(clause)'의 <u>왼쪽에 위치</u>해서 <u>정보</u>를 제공하기 때문입니다.

if를 보는 순간, 'if+절(clause)'은 'know (알다)'의 목적어인 '명사절'이라는 것을 압니다. (**동사는 대장이다1**)
'동사는 대장이다1' 때문에, 'know (알다)'의 목적어에 해당하는 명사가 등장해야 합니다. 형용사 또는 부사가 올 수는 없기 때문입니다. 그래서 if는 '-인지 (아닌지)'의 뜻을 가진다는 것을 압니다.
<u>동사 'know (알다)'가 대장</u>이기 때문입니다.

I know ^if she runs in the park
나는 알고 있다 ^그녀가 공원에서 달리는지 아닌지를

(^ : 명사(절))

위 예문에서는 'run(달리다)'는 부사와 친한 동사이고, 'know(알다)'는 목적어와 친한 동사입니다. 즉, '**동사는 대장이다1**'원칙에 따라서 동사가 누구랑 친한지가 if의 의미를 결정하는 것을 보았습니다. 위 예문에서 'know(알다)'는 목적어와 친한 동사이므로 'if+절(clause)'의 if 는 '-인지(아닌지)'의 뜻을 가집니다. 동사 'know(알다)'가 정해준 것입니다.
동사가 대장이기 때문입니다.

이제 목적어를 이끄는 동사인 'know(알다)'가 그 다음에 등장하는 if를 어떻게 구분해 주는지를 살펴보겠습니다.

> ⓑ I **know if** she runs in the park
> ⓒ I **know** the truth about **if** she runs in the park
> ⓓ I come to **know** that she is healthy **if** she runs

> ⓒ I **know the truth about if she runs in the park**

> | I know ^the truth | 나는 알고 있다 ^진실을 |

동사 'know (알다)'는 목적어(the truth 진실을)를 이끄는 동사입니다. (동사는 대장이다1)
그런데 문장이 길어집니다. 왜 길어질까요? 형용사 또는 부사가 등장하기 때문입니다. (동사는 대장이다2)

> I know the truth**about if she runs**

뒤따르는 about(-에 대한)을 보는 순간, 명사의 모양을 바꾸려 한다는 것을 압니다. 왜냐하면 about(-에 대한)은 명사의 왼쪽에 위치해서 명사의 모양을 바꾸기 때문입니다.

그런데 명사가 위치해야 할 자리에 'if로 시작하는 절(clause)'을 발견했으니 'if+절(clause)'의 'if'는 '-인지(아닌지)'의 뜻이라는 것을 압니다. 왜냐하면, '그녀가 공원에서 달리는지 아닌지**에 대한**'은 말이 되지만, '그녀가 공원에서 *달리*

_면_에 대한'은 말이 안 되기 때문입니다.

'if+절(clause)'의 왼쪽에 위치한 about(-에 대한)이 <u>정보</u>를 제공했습니다. about(-에 대한) 다음에 위치하려면 명사의 성질을 갖춰야 한다고!

about + **명사**
about + **if** + **절**(clause)

그래서 about 다음에 오는 'if+절(clause)'은 about에 대한 명사의 역할을 하는 것이므로 if의 뜻은 '-인지(아닌지)'가 됩니다. 또한 <u>about</u>은 명사인 'if+절(clause)'의 모양을 <u>형용사로 바꾸어</u> 'truth (진실)'을 꾸밉니다.

'she runs (그녀가 달리다)'라는 '절(clause)'에 '-인지 (아닌지)'라는 명사의 성질을 갖게 해준 것이 '절(clause)'의 <u>왼쪽에 위치</u>한 if이고, 'if she runs (그녀가 달리는지)'라는 절에 '-에 대한'이라는 형용사의 성질을 갖게 해준 것이 '절(clause)'의 <u>왼쪽에 위치</u>한 about입니다.

I know the truth\about ^if she runs in the park
나는 진실을 알고 있다 /에 대한 ^그녀가 공원에서 달리는지 아닌지

(\: 형용사(구,절), ^: 명사(구,절))

ⓓ I come to know that she is healthy if she runs

I come to know	나는 알게 되다

<u>come(되다)</u>는 보어를 이끌고, 'to know'는 동사(know)의 모양을 <u>보어 자리에 알맞은 형용사</u>로 바꿉니다. 'come to know (알게 되다)'의 'know(알다)'는 목적어를 이끄는 동사입니다.

I come to know ^that she is healthy
나는 알게 되다 ^그녀가 건강하다는 것을

'that she is'를 보는 순간 know의 목적어 자리에 '절(clause)'이 등장한다는 것을 압니다. 'that'이 '절(clause)'의 <u>왼쪽에 위치</u>해서 정보를 제공하기 때문입

니다. (**동사는 대장이다**1)

'that she is healthy'에서 'that'은 새로운 '절(clause)'의 시작을 알립니다. 새로운 '절(clause)'의 동사 'is (-이다)'는 보어 'healthy (건강한)'을 이끄는 동사입니다. (**동사는 대장이다**1)

그런데 문장이 길어집니다. 왜 길어질까요? 부사가 등장하기 때문입니다. (동사는 대장이다2)

> that she is healthy /if she runs
> 그녀가 건강하다 /그녀가 뛰면

if를 보는 순간, '절(clause)'이 등장한다는 것을 압니다. if가 '절(clause)'의 왼쪽에 위치해서 정보를 제공하기 때문입니다.

if를 보는 순간, 'if+절(clause)'은 '-이면' 소리를 내는 '부사절'이라는 것을 압니다. '**동사는 대장이다**2' 때문에, 형용사 또는 부사가 등장해야지 명사가 올 수는 없기 때문입니다, 그래서 if는 '-이면'의 뜻을 가진다는 것을 압니다.
동사 'is (-이다)'가 'if 절(-이면)'의 대장이기 때문입니다.

> I come to know ^that she is healthy /if she runs
> 나는 알게 되다 ^그녀가 건강하다는 것을 /그녀가 뛰면
>
> (^ : 명사(절), / : 부사(절))

2. When you read books is & When you read books,

'절(clause)'을 이끄는 단어인 'when'이 문장 첫머리에 등장할 경우, when이 어떻게 해석되는지 알아보겠습니다. 'when'은 'UNIT 24 절 모양 바꾸기-부사절'에서 '-할 때'라는 의미를 지닌다는 것을 배웠습니다. 그런데 'when'은 의문문을 이끌어 '언제'를 뜻하기도 합니다.

다음을 해석해 보세요.

> ⓐ When you read books is important to me
> ⓑ When you read books, she go for a walk

> ⓐ **When you read books is important to me**

> When you read books

When을 보는 순간, 뒤에 '절'이 등장한다는 것을 알 수 있습니다.

> ^When you read books ˅is | 당신이 언제 책을 읽는지가

'When you read books'라는 '절(clause)'의 바로 다음에 **동사(is)**가 위치함으로써 'When you read books'가 '-은, -는' 소리를 내는 '주어'라는 정보를 제공합니다. 그리고 '네가 언제 책을 <u>읽는지</u>는'으로 해석됩니다.
(동사는 대장이다3)

'When do you read books? 너는 언제 책을 읽니?'라는 직접의문문이, 주어 자리에 위치할 때 '-까?'라는 소리가 나지 않습니다. 왜냐하면 '<u>네가 언제 책을 읽습니까는</u>' 하고 말할 수 없기 때문입니다. 그러므로 '-까?' 소리가 나는 직접의문문이 주어 자리에 위치할 때 '-인지 (아닌지)'라는 소리가 나게끔 바뀌는 것입니다.

ⓐ <u>그것</u>은 나에게 중요하다

   <u>그것</u> = ⓑ당신은 책을 언제 읽습니까?

ⓒ | *당신은 책을 언제 읽습니까?* | 는 나에게 중요하다

⇒ <u>당신이 책을 언제 읽는지</u>는 나에게 중요하다

ⓐ <u>It</u> is important to me

   <u>It</u> = ⓑWhen do you read books?

ⓒ | *When do you read books?* | is important to me

⇒ <u>When you read books</u> is important to me

^When you read books ∨is important to me
^네가 언제 책을 읽는지가 ∨이다 \중요한 /나에게

(^: 명사(절), ∨: 동사)

앞 단원 UNIT 29 '*너는 그녀가 달립니까*를 알고 있다 (간접의문문)'에서 배웠습니다. 기억나세요?

다음을 해석해 보세요.

ⓑ When you read books, she goes for a walk

When you read books,	네가 책을 읽을 때,

When을 보는 순간, 뒤에 '절'이 등장한다는 것을 알 수 있습니다.

'When you read books,'라는 '절(clause)'의 끝에 '콤마(,)'가 찍혀 있고, 뒤이어 '새로운 절'을 알리는 ^주어∨동사 (^she ∨goes)가 등장합니다. 따라서 'When you read books,'는 주어가 될 수 없습니다. 그러므로 명사의 역할도 아니고 명사를 꾸미는 형용사의 역할도 아닙니다. 바로 육하원칙의 '언제' - '네가 책을 읽을 때' - 에 해당하는 부사절입니다. (UNIT 18-2 'Happily, he came back & He came back happily' 참조)

/ When you read books, ^she ∨goes for a walk
/ 네가 책을 읽을 때, 그녀는 산책하다

(/: 부사(절), ^: 명사 ∨: 동사)

'when+절(clause)'이 문장 안의 어떤 위치에 있는지에 따라서 'when'의 의미가 달라지는 것을 알아보았습니다.
'동사는 대장이다3'의 원칙은 'when+절(clause)'이 주어 역할인지 부사의 역할인지 정해 주고 있습니다. 또한 '절(clause)'이 주어 역할을 하여 주어가 길어진 경우에 '주어가 어디까지인지'를 정해주는 것도 동사라는 것을 배웠습니다.

 동사는 진짜로 대장입니다.

동사는 대장이다

초판 1쇄 발행 2022년 7월 29일

지은이_ 배추용
펴낸이_ 김동명
펴낸곳_ 도서출판 창조와 지식
인쇄처_ (주)북모아

출판등록번호_ 제2018-000027호
주소_ 서울특별시 강북구 덕릉로 144
전화_ 1644-1814
팩스_ 02-2275-8577

ISBN 979-11-6003-468-4 (53740)

정가 22,000원